자유인을 위한
30초 심리학 강의!

자유인을 위한
30초 심리학 강의!

초판 1쇄 발행   2020년 8월 25일

지은이   칼 구스타프 융 외
엮은이   정명진
펴낸이   정명진
디자인   정다희
펴낸곳   도서출판 부글북스
등록번호   제300-2005-150호
등록일자   2005년 9월 2일

주소   서울시 노원구 공릉로 63길 14(하계동 청구빌라 101동 203호)
          (01830)
전화   02-948-7289
전자우편   00123korea@hanmail.net
ISBN   979-11-5920-133-2 03180

자유인을 위한
30초 심리학 강의!

칼 구스타프 융 외 지음 정명진 엮음

15년 번역 작업을
행복하게 해 주었던 말들

'자유인' 하면 누구나 먼저 아무런 구속을 받지 않고 훨훨 어디로든 다니며 자기 마음대로 행동할 수 있는 사람부터 떠올릴 것입니다. 그러나 이 책 제목 속의 '자유인'은 그런 사람이 아닙니다. 철학자 스피노자가 『윤리학』에서 제시하고 있는 그런 자유인입니다.

『자유인을 위한 30초 심리학 강의!』에도 소개되지만, 스피노자는 『윤리학』에서 "어떤 사람이 나쁘다는 판단에서 피할 수 있는 일이라면 그 일 외에 다른 것이 훌륭하다는 판단에서도 피할 수 있다."고 했습니다. 스피노자는 전자의 경우처럼 습관적으로 부정적인 인식을 바탕으로 행동하는 사람을 노예라고 부르고, 습관적으로 긍정적인 인식을 바탕으로 행동하는 사람을 자유인이라고 부릅니다.

예를 들면, 거짓말이 나쁜 짓이어서 진실을 말하는 것이 아니라 명예와 정직을 추구하는 정신적 태도 때문에 저절로 진실을 말하게 되는 그런 사람이 자유인입니다.

그런 뜻에서 자유인이 되려면 많은 것이 필요합니다. 무엇보다 자기 주관이 뚜렷해야 하고, 용기도 필요하고, 통찰력도 있어야 하고, 행동이 앞서야 합니다. 그러기 위해선 당연히 세상 돌아가는 이치를 잘 알아야겠지요. 그런 측면에서 본다면 심리학보다 더 유익한 분야는 없을 것 같습니다. 심리학을 통하면 당신의 진짜 모습을 만나는 것도 가능합니다.

지금까지 살아오면서 잘 한 몇 가지 선택 중에 새로운 생계 수단으로 번역 일을 시작하면서 심리학 분야를 택한 것도 포함됩니다. 특별히 이유가 있어서 그랬던 것은 아닙니다. 그냥 다른 분야엔 별로 궁금한 게 없었던 것뿐입니다.

그런데 우리 사회의 현실을 보면서 심리학을 선택한 것이 정말 다행이었다는 생각이 갈수록 커집니다. SNS를 통해 쏟아지는 말들의 홍수 그 아래를 희미하게나마 들여다볼 수 있는 눈을 번역 작업 과정에 얻을 수 있었으니 말입니다. 그래서 15년이 지난 지금도 번역 일은 별로 지겹지 않습니다.

요즘 세상 돌아가는 모습은 너무 어수선하고 저질스럽습니다. 아무나 무슨 일에든 한마디씩 툭툭 던지는 세상입니다. 그것도 대부분 익명으로 말입니다. 심리학적으로 보면 이건 말도 안됩니다. 그런 것이 무슨 표현의 자유입니까? 그런 무책임한 말이라도 좋은 쪽이라면 얼마나 좋겠습니까. 쓰레기 같은 말이 너무 많습니다. 말세가 따로 없습니다. 미래의 희망이 보이지 않으면 말세지요. 거기에 휩쓸리지 않으려면 누구나 스스로 중심을 잘 잡아야 하는데, 엮은이에겐 적어도 심리학 분야의 책들이 많은 도움을 주었습니다.

지금 같은 현실에서 중요한 것은 행동뿐입니다. 말은 아무런 가치가 없습니다. 사람을 판단하는 것도 그 사람의 행동이 기준이 되어야 합니다. 삶을 살아가는 방식이 중요하다는 뜻입니다. 행동과 말이 다른 예가 주변에 너무 많습니다.

『자유인을 위한 30초 심리학 강의!』는 인간의 온갖 욕망들이 들끓는 혼란 속에서 엮은이를 지켜 준 보석 같은 말들을 모은 책입니다. 알프레드 아들러, 칼 구스타프 융, 프리드리히 니체, 귀스타브 르 봉, 쿠르트 레빈, 마리아 몬테소리, 윌리엄 제임스 등의 글 중에서 자유인이 되는 데 도움을 줄 만한 부분을 짧게 발췌했습니다. 물론, 엮은이에게 절실하게 다가오는 글이라고 해서 모두에게 그런 여운을 남길 것이라고는 생각하지 않습니다. 그럼에도 그 글들은 세상 보는 눈을 조금이라도 더 크게 열어줄 것이라고 자신합니다.

이 책 속의 심리학자들이 강조하는 것도 행동입니다. 나쁜 습관을 버리려는 노력도 당연히 행동입니다. 우울한 마음을 떨치고 싶다면, 그냥 밝게 행동하면 된답니다. 아주 명랑한 사람인 것처럼, 자세도 꼿꼿이 세우고, 밝은 마음으로 주변을 이곳저곳 살피고, 평소 감정이 좋지 않은 사람에게도 쾌활하게 인사를 건네면 우울한 마음이 사라진답니다. 그렇게 해도 우울한 마음이 사라지지 않으면, 다른 방법으로 우울증을 퇴치하는 것은 불가능하다고 윌리엄 제임스는 말합니다. 습관을 바꾸는 요령에 관한 책이 끊임없이 나오고 있는 것을 보면, 많은 독자들이 책만 읽고 행동으로 옮기지는 않는 것 같습니다. 어딜 가나 집단이 앞서는 현실 앞에서 스스로를 돌아보게 만드는 글이 많습니다. 우리 사회에 과연 진정한 지도자가 존재하는가, 하는 물음을 던지지 않을 수 없게 만듭니다.

이 책을 읽고 나면 당신 자신은 물론이고 이 세상도 책을 읽기 전과 절대로 같을 수 없습니다. 더 나아가, 몇 가지 가르침만이라도 따르기로 마음을 먹는다면, 당신은 크게 달라질 수 있을 것입니다.

조각 글의 출처는 국내 번역책 제목을 그대로 썼습니다. 심리학자마다 인용된 꼭지의 수가 크게 차이가 나는 것은 단지 엮은 이가 번역한 텍스트의 양이 다르기 때문입니다.

소중한 인생을 수많은 인생들 중 하나가 아니라 자신만의 독특한 인생으로 살고 싶어 하는 사람이라면 이 책에서 큰 용기를 얻을 것입니다.

엮은이가 번역한 책들의 저자는 대부분 20세기 전반기를 산 인물들인데, 개인적으로 그 시기의 저자들이라서 더욱 좋다는 생각입니다. 아마 지금처럼 전문화가 심하지 않아서 그 심리학자들의 시야가 넓어서 그럴 것입니다.

그런데, 절대로 향상될 수 없는 유일한 것이 도덕성이라는 칼 융의 말이 아주 무섭게 다가옵니다.

엮은이

차례

마리아 몬테소리

칼 구 스 타 프 융

잘사는 것이
잘죽는 길이다

동양 철학은 언제나 과거의 경험을 다룬다. 대표적인 철학자를 꼽는다면, 노자(老子)가 있다. 동양에서 철학은 절대로 지적 활동이 아니다. 많은 개념을 동원해 어떤 논리적 체계를 엮어내려는 노력이 아니라는 뜻이다.

동양 철학은 일종의 요가이고, 생생하게 살아 있으며, 하나의 기술이다. 말하자면 자기 자신을 무엇인가로 다듬는 기술이다. 그렇다면 동양 사람들은 자신을 무엇으로 만들려고 할까?

동양 사람들은 무(無)가 되길 원한다. 동양은 서양인에게 위대한 공허에 대해, 긍정적인 무(無)에 대해, 존재하고 있는 비(非)존재에 대해 이야기하고 있다. 그런 것이 동양인들이 추구하고 있는 것이며 동양인들이 되고자 하는 것이다.

당신은 노자의 그 유명한 문장을 기억하고 있다. "사람들은 똑똑한데, 나 홀로 흐리멍덩하네(俗人察察, 我獨悶悶)." 다른 사람들은 모두 자신이 하고 있는 것을 잘 알고 있는데 노자만 명확한 개념들을 갖고 있지 않다는 뜻이다. 그것은 노자가 이해의 길을 보통 사람들보다 훨씬 앞서 나아가고 있기 때문이다.

사고(思考)라는 단어의 동양적 의미에 따르면, 사고는 결코 명쾌하지 않다. 동양인의 사고는 서양인이 지적 명료성이라고 여기는 것과 정반대다. 동양의 일부 개념들은 유럽의 언어로 옮겨지지 않는다. 도(道)는 공허이고, 텅 빔이고 침묵이다. 도는 불멸이다. 그것이 영원하기 때문이다.

도는 시간을 초월한다. 도는 시간의 속성을 전혀 갖고 있지 않다. 도는 절대 공허이고 동양인들이 닿기를 원하는 것이다.

동양의 지혜는 일종의 본능에 근거하고 있으며, 원초적인 인간에 바탕을 두고 있다.

대단히 근본적인 이런 동양의 통찰은 어느 정도 본능에 근거하고 있을까? 어떤 본능이 그런 사상을 자극하고 있을까? 인간이 추구하는 것이 공허라는 것을 이해하도록 하는 본능은 과연 어떤 것일까?

과거의 경험을 바탕으로 한다고 해서 동양 철학이 퇴행적이란 뜻은 절대로 아니다. 동양 철학자들은 대단히 진보적이다. 그렇기 때문에 우리는 이 철학자들을 뒤쪽이 아니라 앞으로 이끈 무엇인가가 있을 것임에 틀림없다고 짐작해야 한다.

동양 철학자들을 이끄는 것이 죽음이라는 말도 가능하다. 그러나 그들을 이끈 것은 죽음에 대한 욕망보다는 품위 있게 죽고 싶은 욕망이다. 그것은 곧 그들에게 삶이 중요했다는 뜻이다.

당신을 일들 속으로 끌어들이고 그 일들로부터 벗어나도록 하는 것은 삶 자체이다. 나이가 들수록, 당신은 자연스레 어떤 일들에 그다지 집착하지 않게 된다. 그런 것들에 물리게 되고, 그러면 그런 것들은 더 이상 흥미롭지 않게 되고, 당신은 거기서 벗어나려 할 것이다. 너무나 많은 것이 공허한 망상으로 확인되고, 당신은 그런 모든 것을 기꺼이 제거하려 할 것이다. 그런 것은 더 이상 당신에게 뉴스가 되지 않는다.

예를 들면, 어떤 환자가 자신의 판단에 매우 흥미로워 보이는 일로 나를 찾을 때에도, 나 자신은 전혀 호기심이 발동하지 않는다. 나는 그런 일에 대해 수도 없이 많이 들었다. 환자는 아무도 그런 갈등을 겪지 않을 것이라고 생각하지만, 나는 그런 갈등을 겪는 사람을 1만 명은 알고 있다. 그런 것은 낡은 이야기다.

경험이 늘어감에 따라, 당신도 그런 진부한 일들에 식상해 할 것이다. 왜 힘들여 노력해야 하지? 망상을 전혀 품지 않아도, 당신은 여전히 절대적으로 필요한 것을 할 수 있다. 그렇듯, 당신은 삶을 삶으로써, 당신의 과제를 성취함으로써 삶으로부터 점점 더 많이 벗어날 수 있다. 그러다 보면 당신이 성장을 아주 많이 이루게 되어 공허를 향해 다가서는 그런 날이 오게 된다.

내가 볼 때, 바로 이 공허가 대단히 바람직한 것 같고 엄청난 의미를 내포하고 있는 것 같다. 그리고 당신은 삶을 시작한 바로 거기서 종말을 맞는다. 그런 것이 동양 철학이다.

■ 환상 강의

평균이나 정상은
절대로 없다

우리 사회는 모든 사람이 평균이라는 점을 암시하고 있다. 그러나 평균은 절대로 존재하지 않는다. 그것은 수학적 개념일 뿐이다. 어느 누구도 평균이 아니며, 어느 누구도 정상이 아니다. 평균이니 정상이니 하는 것은 단지 하나의 의견일 뿐이다. 우리 모두의 임무는 확실히 자기 자신이 되는 것이다. 이것은 너무나 명백한 진리이다. …

경험에 근거한 이론은 어떤 것이든 반드시 통계적이다. 다시 말해, '이상적인 평균'에 관한 이론이라는 뜻이다. 그러나 이 '이상적인 평균'은 그 척도의 양쪽 끝에 있는 모든 예외들을 배제하고 모두 추상적인 평균으로 대체해 버린다.

문제는 이 추상적인 평균이 사회에서 꽤 유효한 것으로 통하고 있다는 점이다. 현실 속에 평균이 반드시 존재하는 것도 아닌데도 말이다.

반면에 척도의 양쪽 끝에 있는 예외들은 엄연한 사실임에도 불구하고 최종 결과에는 전혀 나타나지 않는다. 이쪽의 예외들이 저쪽의 예외들을, 저쪽의 예외들이 이쪽의 예외들을 상쇄시켜 버리기 때문이다.

예를 들어 보자. 자갈밭의 자갈을 하나씩 주워 일일이 무게를 잰 결과 자갈들의 평균 무게가 145g이라는 것을 알았다면, 이 수치는 자갈들의 본질에 대해 무엇을 말해주는가? 아무것도 말해주지 않는다. 이 통계를 근거로 누군가가 145g 나가는 자갈을 주울 수 있을 것이라고 판단한다면 큰 오산이다. 당연히, 통계적인 방법은 현실에 대해 아무런 그림을 제시하지 못한다.

통계적인 방법은 현실의 한 측면을 보여주긴 하지만 실제의 진실을 아주 심각하게 호도할 수 있다. 이것은 통계학에 바탕을 둔 이론에 특히 더 해당하는 말이다. 그러나 사실들을 진짜 두드러지게 만드는 것은 바로 사실들의 개성이다.

노골적으로 말하면, 현실을 그렸다는 그림에 현실에 없는 것들만 있고, 따라서 현실이 이상하게 왜곡되고 있다.

■ 꿈 분석 ■ 전환시대의 문명

결혼은 둘이
하나 되는 것이 아니다

오늘날 결혼과 관련해서 심각한 문제가 한 가지 있다. 바로 둘 사이에서 개인적인 관계를 지키기가 어렵다는 점이다. 거기에 개인의 가능성이 잠재해 있는데도 말이다.

결혼 생활에서 개인적 관계를 창조하는 것은 지극히 어려운 일이다. 결혼 생활 자체가 개인적 관계의 창조에 저항하는 요소로 작용하기 때문이다. 이 말은 진리다. 왜냐하면 인간의 내면에서 가장 강력하게 일어나는 것이 바로 '신비적 참여'(Participation mystique)[1]이기 때문이다. 신비적 참여가 개성에 대한 욕구보다 훨씬 더 강하다.

어떤 사람과 함께 사는 경우에, 당신은 그 파트너와 동화하게 되고 어느 정도 시간이 지나면 두 사람은 서로 닮아간다. 함께 사는 모든 사람은 서로 영향을 받게 되어 있으며, 거기에 신비적 참여가 반드시 일어나게 되어 있다. 한 사람의 마나(mana: 초자연적

----

1 칼 융이 프랑스 사회학자 뤼시앙 레비 브륄로부터 차용한 개념으로, 사람이 대상들과 맺게 되는 특이한 심리적 연결을 뜻한다. 이 같은 현상은 사람이 자신을 대상과 뚜렷이 구별하지 못하고 부분적으로 동일시한다는 사실에서 비롯된다.

인 힘)가 다른 사람의 마나를 동화시키기 때문이다. 이 동일성, 즉 서로에게 집착하려는 경향은 개인적인 관계에 큰 장애가 된다.

만약에 둘이 동일해지면, 거기선 어떤 관계도 불가능해진다. 관계란 것은 분리되어 있을 때에만 가능하기 때문이다. 결혼 생활에서는 신비적 참여가 일상적인 조건이기 때문에, 특히 젊은 나이에 결혼하는 경우에 개인적 관계가 거의 불가능해진다.

아마 결혼한 두 사람이 각자의 비밀을 서로로부터 숨기고 있을 수도 있을 것이다. 만약 두 사람이 그런 비밀을 서로 인정한다면, 그들도 어떤 관계를 확립할 수 있다.

혹은 두 사람이 서로 털어놓을 비밀이 하나도 없을 수 있다. 그런 경우라면 그들을 신비적 참여로부터 보호해 줄 수 있는 장치는 아무것도 없다. 두 사람은 동일성이라는 바닥없는 구덩이로 깊이 빠질 것이다. 그런 상태에서 시간이 조금 지나면 두 사람은 자신들에게 더 이상 아무 일도 일어나지 않는다는 사실을 깨달을 것이다. ■ 꿈 분석

정신적 행복을 추구하려면
먼저 정신이 존재해야 한다

이상(理想)을 물질의 세계로부터 정신의 세계로 옮기는 문제는 다루기가 무척 까다롭다. 왜냐하면 물질적 행복은 (성취하기만 한다면) 손에 만져지는 그 무엇이지만, 정신은 눈에 보이지 않는 것이어서 발견하기도 어렵고 드러내 보여주기도 어렵기 때문이다.

"정신"이라는 이름으로 통하는 것들은 대부분 대단히 공허하며 요란한 수다에 불과할 수 있다. 손에 잡히는 한 개의 소시지가 대체로 독실한 신앙보다 훨씬 더 확실하게 다가온다. 달리 말하면, 어떤 사람이 정신에서 행복을 찾기 위해선 먼저 그 사람에게 행복을 발견할 "정신"이 존재해야 한다는 뜻이다.

편안하고 안전한 삶은 모든 사람이 물질적 즐거움에 대해 확신을 품도록 하고 심지어 정신이 물질적 행복에 이를 수 있는 보다 나은 길을 새로 고안하도록 강요했지만, 그런 안락한 삶은 결코 정신을 낳지 못했다. 아마도 고난과 실망, 자제만이 정신을 낳을 수 있을 것이다. 그런 긴장 속에 살면서도 여전히 삶이 살

만한 가치가 있다는 사실을 확인하는 사람은 이미 정신을 갖고 있거나 적어도 정신에 대해 어렴풋이 감지하고 있을 것이다.

그러나 자신의 가슴 밑바닥으로부터 물질적 행복은 정신에 위험하다고 확신하면서 정신을 위해 세상을 포기할 수 있는 사람은 언제나 극소수다. …

이 세상은 여느 때나 마찬가지로 낮과 밤, 빛과 어둠, 짧은 기쁨과 긴 슬픔으로 이뤄져 있으며, 휴식이나 평화가 없는 전쟁터와 비슷하다. 세상이 인간들의 욕망이 들끓는 도가니나 다름없기 때문이다.

그러나 정신은 이 세상 안에 있는 또 다른 세상이다. 정신은 이 세상 속에서 삶을 고해(苦海)로 여기면서 행복마저도 회의(懷疑)하는 몸짓으로 받아들이는 사람에게만 다가올 것이다.

■ 전환시대의 문명

진정한 지도자는 의식적으로
자기 집단으로부터
자신의 무게를 뺄 줄 아는 사람이다

권위주의가 무너지면서 개인의 중요성이 크게 증대되었다. 개인의 중요성은 바로 현대적인 이상인 인류애와 사회 복지, 민주주의, 평등 등으로 나타났다. 이런 식으로 전개되는 최근의 개인적인 경향은 집단적인 인간으로 되돌아가려는 보상적인 경향에 의해 균형이 맞춰지고 있다.

오늘날 집단적인 인간의 힘은 곧 대중의 무게다. 그런 까닭에 대기 속에 재앙의 느낌이 팽배한 것도 전혀 이상한 일이 아니다. 눈사태처럼, 꼭 뭔가 터지고 말 것만 같은 분위기가 감돌고 있다.

집단적인 인간이 개인적인 인간을 질식시키겠다고 위협하고 있다. 최종적으로, 이 개인적인 인간의 책임감에 인류의 소중한 모든 것이 달려 있는데도 말이다.

집단은 그 자체로 언제나 익명이며 언제나 무책임하다. 소위 지도자들은 집단 운동의 불가피한 산물이다.

인류의 진정한 지도자들은 언제나 자기반성을 할 줄 아는 사람들이며, 격하게 움직이고 있는 집단의 맹목적인 힘으로부터 의식적으로 거리를 두면서 집단의 그 엄청난 힘에서 적어도 자신의 무게만은 뺄 줄 아는 사람들이다.

하지만 사람이 모두 옆 사람에게 매달리고 있고, 모두가 다른 사람들을 끌어들이고 있는 때에, 모든 것을 집어 삼키는 그 힘에 누가 감히 저항할 수 있겠는가? 오직 바깥 세상에 확고히 뿌리를 내리고 있을 뿐만 아니라, 내면 세계에도 깊이 뿌리를 내리고 있는 사람만이 그 힘에 저항할 수 있을 뿐이다.

■ 전환시대의 문명

일반적인 진리
같은 것은 없다

어떤 진리가 일반적으로 진리인 경우는 절대로 없다. 진리는 제대로 작동할 때에만 진리일 수 있다. 제대로 작동하지 못하면, 그것은 거짓말일 뿐이며 유효하지 않다.

명확한 한 가지 원리를 결코 말하지 못한다는 점에서 보면, 철학과 종교도 심리학과 아주 비슷하다. 어떤 원리를 명쾌하게 밝히는 일은 꽤 불가능하다. 왜냐하면 발달의 이 단계에서 진리인 것이 발달의 다른 단계에서는 진리와 꽤 거리가 멀 수 있기 때문이다.

따라서 진리는 언제나 발달의 문제이고 시간의 문제다. 발달의 어느 단계에 최선인 진리도 아마 다른 단계에선 최악의 독(毒)이 될 수 있다. 그런 문제들을 통해서, 자연은 진리가 철저히 배타적이고 난해하다는 점을 보여주고 있다.

오늘날 진리를 둘러싸고 극도의 불확실성이 존재하고 있다. 일반적으로 진리인 무엇인가를 창조하는 것은 전적으로 불가능하다고 보는 것이 타당하다.

나는 진화에 단계가 있다는 것을, 발달의 단계가 있다는 것을, 일종의 사다리 같은 것이 있다는 것을 오래 전에 배웠다. 사람마다 능력이 다 다르고, 당연히 가르치는 것도 그 능력에 따라 달라져야 한다. 만약 일반적으로 가르쳐야 하는 상황이라면, 가르치는 것이 무엇이 되었든 그것을 이해할 수 있게 제시할 수 있도록 특별히 신경을 써야 한다. 그러나 그런 식으로 노력한다 하더라도 언제나 도움이 되는 것은 아니다. 따라서 철학이나 종교나 심리학을 가르치는 일은 그다지 훌륭한 직업이 아니다.

■ 칼 융, 차라투스트라를 분석하다

발달은 언제나
나선형으로 일어난다

자연적인 발달의 근본적인 법칙 한 가지는 발달이 나선형으로 이뤄진다는 점이다. 자연의 진정한 법칙에 이르는 것은 언제나 미로(迷路)를 두루 다 거친 다음에야 가능하다. 나선형의 수학을 발견한 사람이 내가 살던 도시에 살았는데, 그의 묘비에는 이런 글이 새겨져 있다. "항상 같은 길 위에서 변하고 있었음에도, 나는 늘 올라갔노라."

　심리학적으로 당신은 나선형으로 발달한다. 당신은 언제나 예전에 들렀던 곳을 거치게 되지만, 그곳은 옛날과 똑같은 곳은 절대로 아니다. 그곳은 그 위 아니면 그 아래다. 어떤 환자가 꿈 이야기를 들려주면서 "3년 전에 왔던 곳에 와 있어요."라고 말하면, 나는 "당신은 적어도 3년 동안 길을 걸어왔어요."라고 대답한다.

■ 꿈 분석

로고스와에로스는
서로동행해야한다

로고스(이성)는 에로스(성애)를 포함할 때에만 이상적일 수 있다. 그렇지 않으면 로고스가 절대로 역동적일 수 없기 때문이다. 오직 로고스만 갖고 있는 남자는 매우 예리한 지성을 갖고 있지만, 그 지성은 메마른 합리주의에 지나지 않는다. 그리고 로고스를 포함하고 있지 않은 에로스는 절대로 이해를 하지 못하며, 거기엔 맹목적인 관계만 있을 뿐이다.

■ 꿈 해석

정신적 전염의 힘은
대단히 무섭다

간단한 연상 실험으로도 많은 것을 파악할 수 있다. 다수의 가족들을 대상으로 실험을 실시했으며, 실험 대상이 된 사람들은 특별한 이유로 모두 교육 수준이 낮은 사람으로 정해졌다.

그 결과, 가족의 일부 구성원들 사이에 연상과 반응의 유형이 무서울 만큼 비슷하다는 사실이 확인되었다. 예를 들면, 아버지와 어머니, 두 형제, 어머니와 자식의 반응 유형이 거의 동일했던 것이다.

매우 불행한 결혼의 예가 있었다. 아버지는 알코올 중독자였고, 어머니는 매우 특이한 유형이었다. 이 가족을 대상으로 연상 실험을 한 결과, 열여섯 살인 딸은 자기 어머니의 유형을 거의 그대로 따르고 있는 것이 확인되었다. 두 사람이 연상 항목들 중 30%에서 떠올린 단어가 서로 똑같았다. 이것은 정신적 전염의 힘을 보여주는 놀라운 예다.

이 예에서, 누구나 어떤 결론을 쉽게 끌어낼 수 있다. 어머니는 마흔다섯 살이며 알코올 중독자와 결혼한 몸이다. 따라서 그녀의 삶은 실패라고 할 수 있다. 지금 그녀의 딸이 어머니와 똑같은 반응을 보이고 있다. 만약 그런 딸이 마치 알코올 중독자와 결혼한 마흔다섯 살 여자 같은 모습으로 세상 속으로 들어간다면, 그녀가 정신적으로 얼마나 혼란스런 상태에 빠질 것인지 한번 상상해 보라.

이 같은 정신적 전염은 지옥 같은 젊은 시절을 보낸 알코올 중독자의 딸이 알코올 중독자 남자와 결혼하게 되는 이유를 설명해준다. 그리고 이 딸이 만난 남자가 어쩌다 알코올 중독자가 아닌 경우에, 그녀가 가족 구성원과의 특이한 동일시 때문에 남편을 알코올 중독자로 만들게 될 것이다.

■ 분석 심리학 강의

당신의 육체는
한 마리 동물에 불과하다

우리 인간의 발달은 무의식 안에서 시작한다. 이것을 깨닫지 못하면, 당신은 자신이 동물의 세계에서 내려왔다는 것을 망각하게 된다. 그러면 당신은 스스로 깊이가 없는 이차원의 세계에 살고 있다고 상상하게 될 것이다.

육체는 한 마리의 동물이며, 당신의 육체의 영혼은 동물적인 영혼이다. 당신은 이 진리를 절대로 잊어서는 안 된다. 그런데 잊지 않기가 대단히 어렵다. 당신은 전적으로 무의식적인 동물의 영혼에서 시작해서, 높은 곳에 오를 수 있는 계단까지 닿아야 한다.

북미의 푸에블로 인디언은 이 진리를 보여주는 신화를 갖고 있다. 인류의 발달 과정을 아래쪽 동굴의 천장에 닿아야만 그 위에 있는 다음 동굴로 올라가게 된다는 식으로 묘사하고 있다.

당신은 동굴인의 후예다. 당신의 안에 인간이 동굴의 세계에서 보냈던 시기의 불멸의 기억이 들어 있다.

■ 어린이들의 꿈 해석

당신의 어리석음이
지혜의 디딤돌이다

가장 큰 위험을 야기할 수 있는 바로 그것이 가장 훌륭한 지혜의 원천일 수 있다는 사실은 인간의 삶에서 참으로 당혹스러운 일이다. 어떤 사람의 가장 큰 어리석음이 그 사람의 가장 큰 디딤돌이 될 수 있다는 뜻이다.

누구도 끔찍할 만큼 어리석지 않고는 현명한 사람이 되지 못한다. 사람은 에로스(성애)를 통해 진리를 배우고, 죄를 통해 미덕을 배운다.

독일의 가톨릭 신비 사상가 마이스터 에크하르트는 사람은 회개를 지나칠 만큼 심하게 해서는 안 된다고, 또 죄의 가치가 대단히 크다고 말한다. 프랑스의 소설가이자 비평가인 아나톨 프랑스는 『타이스』(Thaïs)에서 "오직 중대한 죄인만이 위대한 성인이 될 수 있다."고 말한다. 죄인이 되지 않고는 성인이 될 수 없다는 뜻이다.

■ 꿈 해석

국가에 의존하는 것은
건강한 징후가 아니다

현대 사회에서 모든 건강한 본능을, 심지어 자기 보존 본능까지 결여하고 있는 사람들이 증가하고 있는 것은 심각한 문제다.

자기 보존 본능의 상실은 나쁜 징후인, 국가에 대한 의존도로 측정할 수 있다. 국가에 의지한다는 것은 모든 국민이 자신을 믿지 않고 다른 모든 사람들(곧 국가)을 의지하고 있다는 뜻이다.

모든 사람이 다음 사람에게 매달리면서 엉터리 안도감을 느끼고 있다. 이 안도감을 엉터리라고 하는 이유는 그 사람이 1만 명의 사람들의 집단에 매달려 있을 때조차도 여전히 공중에 붕 뜬 상태이기 때문이다. 유일한 차이가 있다면, 그 사람이 불안을 더 이상 자각하지 않게 된다는 점이다.

국가에 의존하는 것은 절대로 건강한 징후가 아니다. 그것은 전체 국민이 양떼가 될 가능성이 있다는 뜻이다. 양치기가 풀이 무성한 초원으로 이끌어 줄 것이라고 늘 기대하고 있는 그런 양떼 말이다.

곧 양치기의 지팡이는 곤봉이 되고, 양치기는 늑대로 변할 것이다. 과대망상증에 걸린 어느 사이코패스가 "내가 민족을 책임 지겠노라!"고 선언할 때, 국민 전체가 안도의 한숨을 내쉬는 모습을 지켜보는 것은 실망스럽기 짝이 없다.

자기 보존 본능을 조금이라도 갖고 있는 사람이라면 오직 사기꾼만이 타인들에게 삶에 따르는 책임을 면제해 주겠다고 제안할 수 있다는 사실을 잘 알고 있다. 왜냐하면 정신이 온전한 사람은 다른 사람의 생존에 책임을 지려는 꿈을 절대로 꾸지 않을 것이기 때문이다.

모든 것을 약속하는 사람은 틀림없이 아무것도 성취하지 않을 것이며, 너무 많은 것을 약속하는 사람은 그 약속을 실행하기 위해 사악한 수단을 이용할 위험이 있고 이미 파멸의 길을 걷고 있을지도 모른다.

복지 국가의 꾸준한 성장은 한 측면으로 보면 틀림없이 매우 좋은 일이지만, 다른 측면으로 보면 의문스런 축복이다. 그것이 사람들로부터 개인적인 책임감을 강탈하고 사람들을 어린 아이나 여린 양으로 바꿔놓기 때문이다. 그 외에, 능력 있는 사람들이 무책임한 사람들에게 착취당할 수도 있다.

시민들의 자기 보존 본능은 어떤 대가를 치르더라도 지켜져야 한다. 왜냐하면 인간은 생명을 공급받을 본능의 뿌리로부터 단절되는 즉시 바람에 이리저리 날리는 깃털이 되기 때문이다. 그러면 인간은 병에 걸린 한 마리 동물에 불과하고, 의기소침하고, 쇠퇴하며, 그런 상황에서 그가 건강을 되찾도록 해 줄 수 있는 것은 재앙뿐이다.

■ 전환기의 문명

사람은 군중 속에서
열등해진다

사람들은 숫자가 많아질수록 열등해진다. 군중의 도덕성은 개인들의 도덕성보다 낮다. 군중은 자연히 개인을 압도하게 되어 있다. 수천 명은 하나보다 월등히 더 많기 때문이다. …

　그래서 위대한 영혼은 군중에 속하지 못하며 반드시 군중 밖에 있어야 한다.

■ 칼 융, 차라투스트라를 분석하다

당신 밖에 기준점을
두도록하라

사람에겐 개인적인 경험과 개인의 범위를 뛰어넘는 비(非)개인적 경험이 있다. 그래서 인간의 심리는 특이한 이중성을 보인다. 한쪽에 개인적 측면이 있다. 여기선 오직 개인적인 것들만 의미를 지닌다. 다른 쪽에서는 개인적인 것은 무시해도 좋고, 무가치하고, 헛되고, 착각을 일으키는 것으로 여겨진다.

당신이 근본적으로 갈등을 겪고, 당신이 다른 관점을 가질 수 있는 것은 이처럼 당신의 경험에 두 가지 측면이 있기 때문이다. 그래서 당신은 비판하고, 판단하고, 인식하고, 이해할 수 있게 된다.

당신이 어떤 일과 하나가 될 때에는 당신 자신이 그것과 똑같아진다. 그런 상태에서 당신은 그것을 비교하지도 못하고, 식별하지도 못하고, 인지하지도 못한다.

이해하길 원한다면, 당신은 언제나 기준점을 당신 밖에 둬야 한다. 그렇다면 내적으로 많은 갈등을 겪는, 회의적인 천성을 가진 사람이 최고의 이해를 끌어낼 수 있는 사람이다. 그런 사람들이 회의적인 성격 때문에 다른 측면을 보고 비교 판단할 수 있기 때문이다.

당신은 당신 밖에서 일을 보는 관점을 갖지 않는 이상 절대로 세상을 제대로 판단하지 못한다.

■ 쿤달리니 요가의 심리학

신이 인간을
필요로 했다

우리 인간은 뿌리로부터 멀어질수록 효율성은 떨어지지만 신성한 측면은 더 강해진다. 끔찍한 역설이 아닐 수 없다. 그러나 이 역설과 철학을 혼동하지 마라. 이것은 심리학이다. 심리학은 역설들 사이를 돌아다니는 것이 가능하다. 심리학적으로 말하면, 신성해질수록 땅에서 멀어진다. 이를 근거로, 신은 대단히 비효과적인 존재라는 결론도 가능하다.

인간은 신에게 없어서는 안 되는 존재이다. 인간이 없으면, 신은 아무것도 하지 못한다. 이것은 형이상학이 아니다. 나는 형이상학을 믿지 않는다. 나는 심리학만을 인정한다. 심리학적으로 보면, 그 말이 맞다.

신이 자신이 매우 무력한 상태에 빠져 있다는 사실을 발견한다. 우리는 옛날의 전설에서, 예를 들면, 히브리 신비주의 전설에서 그 같은 사상을 발견한다.

신은 처음에 너무나 외로웠으며, 세상에 신 외에는 아무것도 없었다. 신의 외로움은 점점 더 깊어졌으며 외로움 때문에 끔찍한 두통을 앓을 지경에 이르렀다. 그때 신은 세상에 자기 외에 무엇인가가 있어야 한다는 것을 깨달았다.

처음에 모든 것은 증기 같은 구름의 형태 안에 있었다. 그래서 신은 그것을 점점 강하게 압축해갔다. 그러다 갑자기 거기서 빛이 터져 나왔는데, 그것이 최초의 빛인 그 아들이었다.

■ 꿈 해석

한쪽으로만 나아가는
인간의 진보는 괴물을 낳는다

사회적으로 전개되는 운동이 종국적으로 어떤 결과를 낳을 것인지에 대해선 아무도 장담하지 못한다. 역사를 돌아보면 흐지부지 끝난 운동도 있었지만, 새로운 의식의 상태에 이르면서 최종적으로 무엇인가가 일어나도록 만든 운동도 가끔 있었다. 나는 어떤 운동이든 그 운동의 역사적 전개를 특별히 낙관하지 않는다.

나는 진보와 형제애 같은 것을 그다지 믿지 않는다. 그러나 나는 간혹 무엇인가가 일어나고, 의식이 정말로 어느 정도까지 발달한다는 사실까지 인정하지 않을 수는 없다. 그러나 진보라고 해서 반드시 전적으로 선한 그 무엇을 의미하지는 않는다.

많은 혁명도 예외가 아니다. 혁명은 매우 야만스런 결과를 낳는다. 혁명이 많은 사람들의 정신적 태도에 엄청난 제한을 가하게 된다는 뜻이다. 예를 들면, 언론 자유의 탄압을 낳는다. 어느 누구도 자신이 생각하는 바를 솔직히 표현하지 못하게 된다. 토론도 허용되지 않는다. 한 국민에게 효소(酵素) 같은 존재로서 대단히 소중한 사람들이 국외로 추방된다. 그것은 명백한 상실이며 더없이 유감스러운 일이 아닐 수 없다. …

자연 속의 진보는 정해진 단계들을 거치는 그런 직선 코스가 아니며, 서서히 위로 올라가는 점진적인 과정이다. 당연히 언제나 퇴행이 따르게 되어 있다. …

잘 아시다시피, 인간은 진보를 통해 괴물들이 존재하도록 만들었다. 이유는 인간이 오직 한쪽 방향으로만 전진하고, 다른 쪽은 발달하지 않은 상태로 어둠 속에 그대로 남겨두었기 때문이다. 그래서 지성에겐 더없이 기괴한 기계 장치와 신념을 낳는 것이 허용되고, 감정에겐 기괴한 것들을 발달시키는 것이 허용되고 있다. 이유는 지성이나 감정이 정신에 의해 균형이 맞춰지지 않고 있기 때문이다. 모두가 균형을 잃게 되었고, 그래서 더없이 끔찍한 것들이 창조되었다.

■ 환상 강의

49

인간은 관계 속에서만
완전해진다

우리가 우리의 심리 전부를 우리 안에 담고 있는 것은 불가능하다. 우리의 심리 중 일부가 언제나 투사(投射)[2]되는 것은 꽤 불가피한 현상이다. 그것이 우리가 다른 인간 존재들을 필요로 하고 대상들을 필요로 하는 이유이다.

외부와 완전히 분리되어 있는 삶이라면, 삶 자체가 터무니없어진다. 우리 인간은 언제나 공동체 안에서, 관계 속에서만 완전해질 수 있다. 방해하는 사람이 전혀 없는 에베레스트 산 정상에선 개성화[3]를 이룰 기회를 갖지 못한다. 개성화는 언제나 관계를 의미한다.

물론, 어떤 관계를 맺는다고 해서 당신이 개성화된다는 뜻은 절대로 아니다. 그 관계가 당신을 해체시킬 수도 있기 때문이다.

....

2 투사(prijection)는 융의 분석 심리학에서 아주 중요한 개념이다. 어떤 사람이 자신의 무의식에 있는 내용물을 다른 사람의 내면에서 지각하는 것을 말한다. 이는 사람의 무의식이 끊임없이 주변으로 투사되기 때문에 나타나는 현상이다.

3 개성화(individuation)는 사람이 다른 사람들의 정체성과 뚜렷이 구분되는 개성을 성취하면서 세상 속에서 한 사람의 인간 존재로서 의식적으로 존재하기 시작하는 것을 말한다. 칼 융은 개성화를 자기를 실현하는, 삶의 한 중요한 목표로 삼았다.

당신이 관계 속에서 당신 자신을 고수하지 못하면 당신 자신이 많은 부분으로 분열될 수 있는 것이다.

그러나 관계는 당신이 당신 자신을 고수하도록 강요한다는 점에서 개성화를 선동한다고 할 수 있다. 따라서 당신이 집단과 접촉을 유지하면서 당신 자신을 고수할 수 있다면, 그거야말로 가장 이상적인 상태다. 당신이 집단으로부터 자신을 완전히 차단시킨다면, 그것은 당신이 집단 속에 잠겨버리는 것 못지않게 나쁘다. 그런 경우에 당신은 집단적인 인간 속으로 들어가지 않고, 대신에 집단 무의식[4] 속으로 들어가게 된다. 그러면 당신은 군중 속에서 해체되는 것과 마찬가지로 집단 무의식 속에서 용해되어 버린다.

군중이나 어떤 직관 또는 어떤 집회에 매몰되어 지내는 것은 집단 무의식 안에 있는 것과 똑같다. 그 같은 현상은 집단 무의

....
4 칼 융의 분석 심리학에서 중요한 개념으로, 개인의 경험을 넘어서는 무의식을 말한다. 인류의 과거 경험이 모두 녹아 있는 선천적인 영역이다.

식에 빠져 있는 상태가 밖으로 드러난 것에 지나지 않는다. 집단 무의식이 밖에서 보면 어떤 모습인지 궁금하다면, 교회나 정치 집회 같은 큰 모임에 가보라. 인간들과 짐승, 사물들이 뒤섞인 그 현장이 바로 밖에서 보는 집단 무의식의 모습이다.

그런 식으로, 당신은 군중으로부터 달아날 때에도 군중 속으로 뛰어들 수 있고, 군중과 함께 남을 때에도 그 속에 잠기길 원한다면 마찬가지로 그 속으로 뛰어들 수 있다. 그러나 만약 당신이 당신 자신을 고수할 수 있다면, 집단 무의식의 바깥뿐만 아니라 안쪽까지도 당신이 개성화를 이루도록 도울 것이다.

관계가 없으면, 개성화는 불가능하다.

■ 환상 강의

현실을 받아들이는 데서
지혜가 시작된다

프리드리히 니체가 탁월한 인간이 되려고 어떤 식으로 노력했는지, 우리는 잘 알고 있다. 그는 탁월한 인간이 되려는 노력을 지나칠 만큼 치열하게 벌였으며, '가장 추한 인간'의 위협에 끊임없이 시달렸다. 그것이 니체가 정신 쇠약을 일으킨 이유이고, 우리가 스스로 자신의 것이 아닌 자질을 갖고 있다고 단정할 때 정신 쇠약을 일으키게 되는 이유이다.

따라서 우리가 자신과 관계있는 일들이 언제나 달리 전개되기를 바랄 것이 아니라 모든 것을 현재의 모습 그대로 받아들인다면, 그것이 치료나 구원의 효과를 발휘하게 된다.

우리는 저 사람이 저렇지만 않으면 아주 훌륭한 사람이 될 텐데, 라고 생각하거나 나 자신이 지금과 같은 모습이 아니라면 정말 좋을 텐데, 라는 식으로 곧잘 말한다. 우리는 언제나 다른 사람들뿐만 아니라 우리 자신도 달라지기를 원한다.

그러나 사람이 주변의 온갖 것들을 있는 그대로 받아들일 때, 바로 거기서 지혜가 시작된다. 그렇게 하지 않고는 우리는 어디에도 닿지 못하며, 우리는 단지 바람이 꽉 찬 팽팽한 풍선이 되어 땅 위에 발을 딛지 않은 상태로 지낼 것이다.

그렇다면 우리가 있는 그대로의 사실들에 동의할 때, 그 동의 자체가 우리 자신을 치료하는 태도가 된다. 우리는 그렇게 할 수 있을 때에만 이 땅 위에서, 우리의 육체 안에서 살며 번창을 누릴 수 있다.

귀리를 뿌려놓고 그것을 밀이라고 생각한다면, 거기선 풍년을 기대하기 어렵다. 개를 키우면서 그것을 낙타라고 생각한다면, 개가 건강하게 자라기 어렵다. 그렇듯, 우리가 초인(超人)이 될 수 있다고 단정하는 것은 우리 친구들에게도 부당하고 우리 자신에게도 부당한 일이다. 구원으로 이끄는 것은 바로 추하고 혐오스런 모습이다.

■ 환상 분석

가끔 상상의 눈으로 하늘 높은 곳에서
인간의 세계를 내려다보라

가끔 상상력을 발휘하면서 당신이 하늘 저 높은 곳에서 지구로 내려오며 인간의 세계를 보고 있다고 생각하도록 하라.

당신의 눈에 들어오는 인간의 삶은 어디에 소용이 있을 것 같은가? 인간의 역사를 보라! 그것은 하나의 정신병동이다. 일들이 맹목적으로, 영원히 맹목적으로 돌아가고 있다. 그런데도 아무도 그 같은 사실을 진정으로 깨닫지 못하고 있다. 혹시 깨닫는 사람이 있다 하더라도 그 사람들은 극소수에 지나지 않는다.

■ 환상 해석

이미 존재하고 있는 것을
억지로 깨뜨리지 마라

오늘날 관습을 갖는 것이 중요하다. 관습을 파괴하는 것보다 더 어리석은 짓은 없다. 진정으로 필요하지 않다면, 관습이란 것은 아예 존재하지도 않았을 것이다. 시시한 논쟁으로 전통에 맞서고 사회를 공격해 봐야 우리 앞에 새로운 관습이, 그 전의 것보다 오히려 더 나쁜 관습이 나타날 것이다.

정말이지, 우리는 관습을 비켜가지 못한다. 관습을 깨뜨릴 수 있는 유일한 것은 정신뿐이다. 새로운 정신을 위해서 관습을 깨뜨리는 것은 그만한 가치가 있는 일이다. 일시적인 변덕이나 유행을 위해 관습에 반대하는 행위가 관습을 타파하는 데 성공한다 할지라도, 그것은 어디까지나 어리석은 파괴에 불과하다.

그러나 정신에게 관습은 그와 다른 그 무엇이다. 정신은 건설적이며, 정신에서 무엇인가가 나올 수 있다. 이유는 정신이 살아 있는 것이고, 비옥하게 하는 것이기 때문이다. 그래서 당연히 정신은 단순한 관습보다 훨씬 더 유익하다. 관습은 절대로 창조적이지 않지만 정신은 언제나 창조적이다. …

이미 일어난 것들에 맞서는 일에 자신을 바치면서 격노하거나 파괴에 매달리는 일이 없도록 하라. 그 자리에다가 당신은 뭘 놓으려 하는데? 이미 이뤄진 것을 파괴하는 데 성공하는 경우에, 그 다음에 당신이 파괴의 의지를 당신 자신에게로 돌리게 된다는 것을 당신은 잘 알고 있지 않은가? 파괴를 목표로 삼는 자는 누구나 자기 파괴를 통해 사라지고 말 것이다. 그보다는 이미 이뤄진 것을 존중하라. 존중은 하나의 축복이니까. …

새로운 것이 오래된 것 위에 세워지고, 그러면 이미 이뤄진 것의 의미는 복합적이게 될 것이다. 그런 식으로, 이미 이뤄진 것의 빈곤은 미래의 부(富)로 승화된다.

■ 환상 분석 ■ 레드 북

영원의 관점에서
보라

우리 모두는 정말로 우주의 일부다. 우리는 우주 속의 어느 행성 위에서 살고 있다는 것을 절대로 망각하면 안 된다. 행성은 태양의 위성이다. 행성은 우주 안에서 움직이고 있는 하나의 물체다. 우리는 영원히 하늘을 날아다니고 있는 그 물체의 표면에 있는, 일종의 살아 있는 찌꺼기다.

그래서 우리 몸의 모든 분자는 우주적이다. 우리는 영원의 먼지이며 무한한 공간의 먼지이다. 그 모든 것이 우리 안에 있고, 그것이 우리가 그것들을 투사(投射)할 수 있는 이유이고, 우리가 무한한 공간을 지각할 수 있는 이유이며, 우리가 무한한 공간이나 무한한 시간 같은 개념을 갖고 있는 이유이다. 우리는 우주의 일부다.

그렇다면 어떤 사람의 꿈에서 땅으로 떨어지고 있는 별은 아래로 내려오는 인간 영혼을 상징한다. 그리스도가 탄생할 때 나타난 별은 어떤 우주적인 현상을 선언하는 것이었다. 바로 그때 우주적인 어떤 영혼이 내려왔다. 바꿔 말하면, 우주적인 운명을 의식한 한 인간이, 자신의 삶은 법을 준수하는 것이고 또 천국의 법령을 표현하는 것이라는 점을 이해한 한 인간이 태어났다는 뜻이다.

그것을 중국인은 도(道)의 완벽한 표현이라고 부를 것이다. 왜냐하면 도라는 것이 하늘의 법과 조화를 이루는 상태고, 하늘과 땅을 지배하고 있는 질서를 완벽하게 표현하고 있는 상태이기 때문이다. 그래서 옳은 무엇인가를 창조하는 사람은 그때 그것이 별빛과 조화를 이룬다는 사실을 의식하게 되어 있다. …

사람의 삶은 행성들의 공전처럼, 또는 태양이 뜨고 지는 것처럼 변화한다. 아시다시피, 그것은 소위 '영원의 관점에서' 사물을 보는 태도를 낳는다. 그러면 사람은 인간의 삶을 일상적인 개인적 관점에서 보지 않고 우주적인 과정의 객관적인 관점에서 보게 된다.

■ 환상 분석

사람들은 신을
그다지 믿지 않는다

사람들은 신이 하늘에 있는 어떤 영(靈)이라고 믿고 있지만, 사실 신은 은행이나 금고에 은밀히 숨어 있다. 이것은 끔찍한 발견이 아닐 수 없다. 정말로, 사람들은 신을 잃는 것보다 돈을 잃는 것을 훨씬 더 무서워한다.

사람들이 가장 소중하게 여기고 있는 가치는 신이 아니다.

예를 들어 보자. 내가 아무 남자나 여자 앞에서 그 문제를 "당신의 은행 구좌를 나한테 넘겨요. 그렇게 하지 않으면 당신은 신을 잃게 될 것이오."라는 식으로 제기한다면, 그들은 그리 오래 망설이지 않을 것이다. 그들은 "어쨌든, 내가 신을 잃을 일은 없지요. 내가 신의 손 안에 있고, 신은 온 곳에 있으니까요."라고 대답할 것이다.

당신은 사람들이 실제로 신을 그다지 강하게 믿지 않는다는 사실을 알 수 있다. 신은 공기다. 그런데 사람들이 나의 요구에 망설일 이유가 있을까? 만약 내가 존경스런 은행가 앞에서 "신을 택할 것인가, 당신의 돈을 택할 것인가?"라고 묻는다면, 그 사람은 내가 정신 나간 사람이라는 식으로 대답할 것이다. 미국 부호 존 록펠러에게 "신을 택할 것인가, 당신의 돈을 택할 것인가?"라고 묻는다면, 틀림없이 그는 내가 미쳤다고 할 것이다.

  진실은 신이라는 개념이 매우 추상적이고 비현실적인 것이 되어버렸다는 것이다. 신은 실질적인 결정 요인으로서의 역할을 거의 하지 못하고 있다. 그럼에도 최고의 가치, 즉 최종적으로 결정을 내리는 중력의 중심은 언제나 있기 마련이다. 오늘날 그 중심은 사람들이 언제나 무시워하는 노란 신, 즉 황금이다.

■ 환상 해석

열등 기능에
가능성이 있다

우월 기능[5]은 고도로 분화되었음에도 불구하고 고상한 척하는 오래된 도구와 비슷하고 다소 낡은 반면에, 열등 기능은 매우 조악하고 거친 다이아몬드 원석과 비슷하고 가능성으로 가득하다.

사고 유형은 사고에서 다소 메마르고 무미건조한 모습을 보이지만 감정에 관한 한 여전히 젊고 신선하다. 감정이 전혀 사용되지 않았고, 또 감정에 대단히 소중한 생명력이 들어 있기 때문이다. 열등 기능은 가치를 따질 수 없는 생명력을 포함하고 있으며, 따라서 열등 기능을 끌어올리는 것이 대단히 중요하다.

사람들은 자신의 내면에 있는 열등한 자질들을 향상시켜야 한다. 거기에 아주 소중한 생명의 보물들이 담겨 있기 때문이다. 살아 있는 생명체에게 생명보다 더 소중한 것이 있는가? 생명은 진정으로 살아 있을 때에만 의미를 지닌다. 그렇지 않으면 그것

....
5 칼 융은 심리적 기능을 사고와 감정, 감각, 직관 등 4가지로 구분한다. 사람은 대체로 이 중 한 기능에 탁월한 모습을 보인다.

은 봄마다 꽃을 피우기만 하고 열매를 맺지 않는 배나무와 비슷하다. 예수 그리스도가 열매를 맺지 않는 무화과나무를 저주했을 때, 그가 저주한 것은 아무런 열매를 맺지 않는 현상이었다는 사실을 당신은 기억하고 있다.

열매를 맺지 않는 삶을 사는 사람은 그런 무화과나무와 비슷하며, 그런 사람은 하느님의 뜻을 완수하지 못하고 있다. 진정으로 살기를 원한다면, 사람은 열등 기능을 성숙시키면서 자신의 존재를 모두 쏟아야 한다.

■ 환상 해석

군집성만 있는 사람은
인간이 아니다

사람들의 꿈에 나타나는 양(羊)은 거의 틀림없이 무의식이나 무의식적 충동을, 양에 어울리는 충동을, 말하자면 다른 사람이 하는 것을 그대로 따라 하려는 군집적인 충동을 상징한다. 양 한 마리가 앞서 달리면 나머지 양떼가 그 뒤를 우르르 따라 달리는 모습을 모두가 보았을 것이다. 양들은 지옥도 그렇게 함께 간다. 그런 무의식적인 군집성은 집단적인 상태에만 있는 사람과 아주 비슷하다.

어떤 사람이 양처럼 산다면, 그 사람은 군중에 휩쓸리는 양의 의식만을 갖고 있을 뿐이다. 그래서 어떤 사람의 꿈에 양을 제물로 바치는 것이 나온다면, 그 꿈은 그 사람이 수많은 사람들 중 하나가 되는 그런 집단적인 편견을 포기한다는 것을 의미한다. 더 이상 양떼 속의 한 마리 양처럼 살지 않겠다는 뜻이다.

사람이 군집성을 갖고 있는 것은 틀림없는 사실이지만, 군집성밖에 없는 사람은 인간이 아니다. 군집성은 종류를 불문하고 모두 동물적이다. 예를 들면, 사람들이 자기 자신에 대해 고민할 생각은 전혀 하지 않고 다른 사람들에게 유익한 것이 무엇인지를 놓고 밤낮으로 걱정하는 그런 종류의 사고(思考)가 있다. 이런 사고에 빠져 지내는 사람들은 군집성을 갖고 있으며, 그들은 동물처럼 생각하고 있다. …

'성경'에 더러운 귀신에 쓴 돼지들이 낭떠러지에서 바다로 떨어져 몰사한다는 우화가 나오는데, 그것은 집단적인 홀림의 결과를 암시한다. 그 시대에 예수 그리스도와 세례자 요한을 비롯한 모든 선생들은 정신 분석가들이 오늘날 하고 있는 것과 똑같은 일에 관심을 두고 있었다. 정신 분석가들은 사람들이 의식적인 존재가 되도록 만들어야 한다. 정신 분석가들은 군집성을 물리치려고 노력해야 한다. 무리에 섞여 있으면, 사람이 누가 누군지, 뭐가 뭔지를 알지 못하게 되기 때문이다.

■ 환상 해석

당신 안에 있는 유아부터
교육시켜라

솔직히 말하면, 인격 양성이라는 높은 이상(理想)은 아이들을 위한 것이 아니다. 왜냐하면 일반적으로 인격이 의미하는 것, 그러니까 저항 능력이 있고 활력 넘치고 균형이 잘 잡힌 정신적 통일체는 어디까지나 어른의 이상이기 때문이다.

사람들이 그런 이상을 아이들에게 강요하기를 바라는 현상은 오직 우리 시대에, 말하자면 사람들이 어른들의 삶의 문제들을 모르고 있거나, 심지어 의식적으로 그런 문제들을 회피하고 있는 시대에 나타난다. 나는 우리 시대가 아이에게 교육학적으로나 심리학적으로 쏟고 있는 지나친 관심에 비열한 의도가 숨어있는 것은 아닌가 하고 의심한다.

우리 어른은 아이에 대해 말할 것이 아니라 우리 안에 있는 유아에 대해 말해야 한다. 왜냐하면 모든 어른의 내면에 어떤 아이가, 영원히 어린 아이가 끝없이 보살핌과 주의, 교육을 요구하고 있기 때문이다. 이 아이는 발달을 추구하며 완전성을 꾀하길 바라는 인간 인격의 일부이지만, 오늘날의 인간은 이 완전성과 거리가 너무나 멀다.

현대인은 자신의 결점을 희미하게 의심하면서 어린 시절에 받은 교육과 양육에 뭔가 잘못된 부분이 있었음에 틀림없다고 단정한다. 그러면서 현대인은 엉뚱하게 아이의 교육에 사로잡혀 지내면서 아이의 심리에 열정적으로 헌신하고 있다. 이런 의도는 굉장히 높이 살 만하지만, 우리 어른은 지금도 여전히 저지르고 있는 잘못을 아이의 내면에서 바로잡을 수는 없다는 심리학적 사실 앞에서 크게 좌절하고 있다.

아이들은 우리 어른들이 상상하는 것처럼 반쯤 어리석은 존재가 아니다. 아이들은 참된 것과 거짓인 것을 너무나 잘 구분한다. 임금님의 옷에 관한 안데르센의 동화는 영원한 진리를 담고 있다. … 만약 아이들에게 변화시킬 무엇인가가 보인다면, 우리는 먼저 그것이 아이들보다 우리 어른들의 내면에서 더 잘 변할 수 있는 것이 아닌지를 살펴보아야 한다.

아이들의 교육에 쏟는 열기는 어쩌면 터무니없을 수 있다. 교육의 필요성을 전혀 엉뚱한 곳에서 역설하고 있으니 말이다.

　우리 어른들이 아직 여러 면에서 아이이기 때문에 많은 교육을 필요로 하고 있다는 진실이 아주 불편하게 느껴진다.

■ 인격은 어떻게 발달하는가?

개인이
먼저다

당연히, 사회는 터무니없는 주관주의에 맞서 스스로를 지킬 권리를 누린다. 그러나 사회 자체가 개성을 잃어버린 개인들로 이뤄져 있는 한, 그 사회는 결국엔 냉혹한 개인주의자들에 의해 좌지우지되기 마련이다.

사회가 스스로 집단과 조직으로 서로 결합하도록 내버려둔다고 가정해 보자. 그러면 사회가 한 사람의 독재자에게 쉽게 굴복하게 만드는 것이 바로 그런 결합과 그에 따른 개인적 인격의 소멸이라는 사실이 확인될 것이다.

불행한 일이지만, 0은 백만 개가 모여도 1이 되지 못한다. 종국적으로, 모든 것은 개인의 자질에 달려 있다.

그러나 치명적일 만큼 근시안적인 우리 시대는 무엇이든 큰 숫자와 집단적인 조직을 바탕으로 생각한다. 규범을 잘 따르는 군중이 단 한 사람의 광인의 손아귀에 휘둘리게 되는 경우에 어떤 짓을 할 수 있게 되는지를 지금까지 인류 역사를 통해 필요 이상으로 많이 보았으면서도 말이다.

정말 불행하게도, 이 깨달음은 많은 사람들에게 전파되지 않는 것 같다. 이런 측면에서 보면, 우리 인간이 맹목적이라는 사실이 너무나 위험하다. 그런데도 사람들은 태평스럽게 조직화를 계속 추구하고 있고, 집단적인 행동의 힘을 계속 믿고 있다. 아주 막강한 조직도 지도자들의 극단적인 냉혹함과 천박한 슬로건에 의해서만 유지될 수 있다는 사실에 대해서는 조금도 알지 못한 가운데 말이다. …

지금은 우리가 대중 조직 안에서 한 덩어리로 묶고자 하는 것이 과연 무엇이며, 개인적인 인간 존재, 즉 통계적인 인간이 아닌 진짜 인간 존재의 본질을 이루고 있는 것이 과연 무엇인지를 스스로 물어야 할 때이다. 이 질문에 대한 답을 찾는 것은 자기반성의 과정을 새롭게 거치지 않고는 거의 불가능하다.

누구나 예상할 수 있듯이, 모든 대중 운동은 큰 숫자가 받쳐주는 경사면을 너무나 쉽게 미끄러진다. 사람들은 대체로 이런 식으로 생각한다. 다수가 모인 곳에는 안전이 있다. 다수가 믿는 것은 당연히 진실임에 틀림없다. 많은 사람들이 원하는 것은 분명 추구할 가치가 있고 또 필요한 것이며, 그렇기 때문에 선할 것임에 틀림없다.

다수의 외침에는 개인의 소망을 강제로 빼앗을 힘이 들어 있다. 그러나 그 모든 것들 중에서 가장 달콤한 것은 어린 시절의 왕국으로, 부모의 보살핌이 있는 낙원으로, 태평하고 책임감이 필요 없는 그런 세계로 아무런 고통 없이 부드럽게 돌아가는 것이다. 거기선 모든 사고(思考)와 보살핌이 위쪽에서 행해진다. 모든 질문에는 반드시 대답이 있다. 필요한 것이 있으면 즉각 조달된다.

대중적인 인간의 유치한 꿈이 너무나 비현실적이기 때문에, 그 사람은 낙원의 비용을 누가 부담하는지에 대해 물어볼 생각조차 하지 않는다. 회계의 균형을 맞추는 책임은 보다 높은 정치적 또는 사회적 권위자에게 있다. 이 권위자는 그런 임무를 적극 환영한다. 왜냐하면 그것으로 인해 그의 권력이 더욱 커질 것이기 때문이다. 권위자가 권력을 더 많이 가질수록, 개인은 더욱 나약하고 속수무책인 그런 존재가 된다.

이런 유형의 사회적 조건이 광범위하게 발달하고 있는 곳마다, 독재의 길이 활짝 열리고 개인의 자유는 정신적, 육체적 노예로 바뀐다.

■ 전환시대의 문명

이성은 인간의
자질이 아니다

이성(理性)과 비판적 반성이라는 재능은 인간의 탁월한 자질이
아니다. 설령 탁월한 자질이라 하더라도, 이 재능은 일관되지 못
하고 늘 흔들리는 모습을 보인다.

대체로 보면, 집단의 규모가 클수록, 이성과 비판적 반성이라
는 재능은 더 심하게 동요한다. 개인이라면 가능했을 수도 있는
통찰과 반성을, 대중은 곧잘 짓밟아 버린다. 만일 허약한 입헌
국가에서 이런 현상이 나타난다면, 그것은 반드시 교조적이고
독재적인 학정으로 이어진다.

합리적인 토론이 성공적으로 이뤄지기 위해선 조건이 있다.
주어진 상황의 감정적 측면이 위험한 수준을 넘어서지 않아야
한다. 감정적 측면이 위험 수준 이상으로 올라가면, 이성이 영
향력을 발휘할 가능성은 사라지고 슬로건과 터무니없는 공상이
이성의 자리를 대신 차지하게 된다. 다시 말하면, 일종의 "집단
사로잡힘"이 나타나고, 이 현상은 급속도로 하나의 정신적 전염
병으로 발전한다.

이런 상황에 처하면, 이성의 지배 아래에서 반사회적인 것으로 여겨졌던 모든 요소들이 정면으로 부상하게 된다. 그런 요소들을 갖춘 개인은 교도소나 정신병동에서만 만날 수 있는 그런 희귀한 존재가 절대로 아니다. 왜냐하면 광기가 명백히 드러나는 사람이 1명 있으면, 나의 추산으로는, 공개적으로 드러날 정도가 아니라서 겉보기에는 지극히 정상임에도 관점과 행동이 병적이고 사악한 요소의 영향을 무의식적으로 받고 있는 잠재적 광인이 적어도 10명은 되기 때문이다.

■ 전환시대의 문명

당신이
우주의 중심이다

많은 사람들이 개성화가 이기적이고 자기중심적이라고 생각하지만, 개성화는 그런 것과 거리가 멀다. 만약에 당신이 먼저 존재하지 않는다면, 군중도 존재하지 않는다. 한 방울의 물이 없으면, 대양도 절대로 있을 수 없다. 모래 한 알 한 알이 없으면, 사하라 사막은 존재하지 못한다. 당신이 사막의 모래 한 알이라면, 당신은 사하라 사막을 이룰 수 있다. 개체는 영원의 특성을 갖고 있는 것 외에 큰 것보다 더 크면서도 작은 것보다 더 작은 특성을 갖고 있다.

개성화를 조금 더 쉽게 설명하도록 하자. 우리 모두는 원래 있던 곳에서 멀리 벗어나 방황하고 있는 자그마한 간(肝)세포와 비슷하다. 이 작은 간세포는 원래 있던 곳에서 빠져나와 온 곳을 두루 돌아다닌다.

그러다가 뇌를 발견하면, 간세포는 "여긴 정말 쾌적하구나. 공기도 신선하고."라고 말하지만, 이웃들은 "꺼져. 여기서 넌 아무 쓸모가 없어."라고 말한다. 그러면 작은 세포는 거기서 쫓겨나

폐를 따라 방황하지만, 거기서도 똑같은 일이 벌어진다. 그러면 간세포는 "세상 자체가 꽉 막혔어. 아무도 나를 이해하지 못해." 라고 말한다. 그러나 간세포가 스스로를 잘 이해하고 있다면, 그런 불평은 절대로 나오지 않을 것이다. 간세포가 먼저 그곳이 자신이 있을 곳이 아니라는 사실을 잘 알게 될 테니까. 마지막으로, 간세포는 혈관을 따라 어렵게 방황하다가 마침내 간으로 들어가 그곳의 어느 구덩이에 떨어진다. 그때 작은 세포는 "제기랄, 정말 불편하구나. 어쩌다 내가 여기 오게 되었지?"라고 투덜거린다. 그러나 신은 "꼼짝 말고 거기 있어!"라고 말한다. 그리고 거기가 간세포가 있어야 할 곳으로 확인된다. 개성화라고 부르는 것은 바로 그런 것이다.

스웨덴 신학자 스베덴보르크의 철학에, '호모 막시무스' (Homo maximus), 즉 가장 큰 인간이라는 가르침이 있다. 이 존재의 육체 안에서 우리 모두는 하나의 세포가 된다. 우리 중 일부는 그의 영혼에 거주하고, 일부는 그의 눈에 거주하고, 또 일부는 그의 뇌에 거주한다. 그래서 우리 모두는 그를 하나의 완전한 존재로 만드는 데 기여하고 있다. 훌륭한 두뇌를 가진 사람들은 그의 뇌에서 살 것이고, 좋은 시력을 가진 사람들은 그의 눈을 이루면서 아마 사냥꾼이 될 것이다. 생식기도 예외가 아니다. 스베덴보르크는 생식기를 빌려서 특이한 기질을 설명한다. 이것이 스베덴보르크의 '만물의 공감'(correspondentia)이라는 원리이지만, 이 사상은 심리학적으로 완전히 발달하지 못하고 말았다.

■ 꿈 분석

사람이 많이 모인 곳에선
좋은 냄새가 나지 않는다

국가는 하나의 협약이고 하나의 추상 개념이다. 어리석은 사람만이 국가가 실제로 존재한다고 생각한다. 국가는 하나의 상상이며, 다수의 개인들을 뜻하는 인습적인 단어다.

유일한 사실은 국가가 아주 많은 사람들의 협약, 일종의 동의라는 점이다. 혹시 국가가 어떤 악취라도 풍긴다면, 그건 구성원 개인들의 냄새다. 국가는 고약한 냄새조차 풍기지 않는다. 국가란 것이 존재하지 않기 때문이다.

인간들의 냄새는 기본적으로 썩 좋지 않다. 사람이 많이 들어 있는 방에 들어가 보라. 즉시 인간의 냄새를 맡게 될 것이다. 좋은 냄새는 절대로 아니다.

아프리카 흑인들은 야생 동물이 사람을 피하는 것은 사람의 냄새가 사자의 냄새를 닮았기 때문이라고 한다. 사람들이 고기를 즐겨 먹는다는 사실을 고려한다면, 우리한테서 맹수의 냄새가 날 수도 있다.

서양인들은 흑인의 냄새에 강한 인상을 받지만, 많은 사람들이 모이는 경우에 흑인의 냄새나 유럽인의 냄새나 별로 다르지 않다. 이 대목에서, 엄청난 숫자의 개인들이 풍기는 냄새를 통해서 군중의 심리가 어떤 것인지 대충 짐작할 수 있다.

사람들은 각자의 심리에 따라 냄새를 달리 맡는다. 냄새를 맡는 기능은 반(半)은 정신적인 기능인 것이다. 말하자면, 사람들은 나지도 않는 냄새까지 맡을 수 있다는 뜻이다.

■ 칼 융, 차라투스트라를 분석하다

당신도 미신을
강하게 믿는다

정상적인 사람 50명을 모아놓고 미신을 믿는지 물어보라. 그러면 그 사람들은 절대로 미신을 믿지 않는다고 대답할 것이다. 그럼에도 그들 중에 13호[6]에 사는 사람은 하나도 없다.

그들은 악마나 귀신, 유령을 무서워하지 않는다고 자신 있게 말한다. 그러나 서재의 벽에서 바스락거리는 소리가 들리기라도 하면, 그런 그들도 화들짝 놀랄 것이다. 말과 달리, 그들도 귀신을 믿고 있다. 그러면서 옛날 책에나 나올 법한 그런 생각과 공상을 떠올린다.

■ 꿈 분석

....
6 서양에서 숫자 13에 대한 공포를 '트리스카이데카포비아'(Triskaidekaphobia'라고 부른다.

당신의 단점을
당신만 모르고 있다

사람은 자신이 열등한 부분을 갖고 있다는 점을 보여줄 필요가
없다. 그렇게 하지 않아도 열등한 부분은 일반적으로 잘 알려져
있다. 당신 주변에도 당신의 열등한 부분이 어딘지를 정확히 알
고 있는 사람이 꽤 많다고 보면 된다.

　사람들은 타인의 단점을 잘 보는 매우 놀라운 능력을 갖고 있
으면서도 자신의 단점은 좀처럼 보지 못한다. 그렇기 때문에 자
신의 단점을 보려는 노력은 아무리 많이 해도 결코 충분하지 않
다. 우리는 자신의 단점을 타인에게 노출시킬 필요가 없다. 자기
자신에게만 노출하면 된다. 그런데 우리는 자신의 단점 앞에서
듣지도 않고 보지도 않는 관객이 되어 버린다.

■ 칼 융, 차라투스트라를 분석하다

당신의 자아는
당신의 정신 중 일부일 뿐이다

20년 전에 살인을 저질렀다가 완전히 파멸의 길을 걷게 된 어느 여자 환자가 기억난다. 살인 행위는 아주 치밀했다. 그녀는 매우 지적이었으며, 살인의 흔적을 감쪽같이 감출 수 있었던 의사였다. 그러기에 그녀는 그 사실을 아는 사람이 아무도 없는 상황에서 자신이 파괴되고 있는 이유를 이해할 수 없었다.

그녀는 자신이 그 사건을 알고 있다는 사실을, 그녀 자신이 하나의 완전한 '국가'이거나 그 이상이라는 사실을 망각하고 있었다. 모두가 알다시피, 지구상에는 그런 그녀를 따뜻하게 환대할 국가는 없었다. 그녀의 무의식이 전 세계를 상대로 그녀에게 피난처를 절대로 제공하지 않기로 계약을 맺었기 때문이다.

그녀는 자신의 자아가 자신의 전부가 아니라는 사실을 까맣게 잊고 있었다. 그녀의 자아가 알고 있었던 것은 중요하지 않을 수 있지만, 그녀의 내면에는 그녀의 자아 외에 다른 누군가가 있었다. 그녀를 향해 끊임없이 '넌 살인을 저질렀어!'라고 외친 것은 그녀의 자아보다 훨씬 더 큰 무엇이었다. 전 세계에 그녀가

갈 곳은 어디에도 없었다. 세상 전체가 그 사실을 훤히 알고 있었기 때문이다.

우리는 자아 안에서가 아니라 자기 자신 안에서 전체 세상이 된다. 우리의 자아는 우리의 안 어딘가에 하나의 대륙처럼 자리 잡고 있다.

그녀의 우주가 그녀를 살인죄로 고발했으며, 따라서 그녀는 처벌을 받았다. 그녀는 가는 곳마다 자신을 따라다니는 영원한 감옥에 갇혀 지냈다. 그러다 보니 그녀에게서 인간적인 모든 존재가 제거되기에 이르렀다. 그렇게 되자, 그녀는 나를 찾아 자신의 잘못을 고백하게 되었고, 나는 그녀의 이름을 묻지 않았다.

■ 칼 융, 차라투스트라를 분석하다

83

세상을 완성하는
반쪽은 악이다

열정이라는 악마에 얽힌 유대인의 전설이 있다.

너무나 착해서 하느님의 사랑을 듬뿍 받고 있던, 신앙심 깊은 어느 노인이 인생에 대해 깊이 생각한 끝에 인간의 모든 악은 열정이라는 악마에서 비롯된다고 이해하게 되었다. 그래서 그는 하느님 앞에 엎드려 세상에서 열정이라는 악을 제거해 달라고 간청했다. 매우 경건한 노인이었기에, 하느님은 그의 청을 들어주었다.

노인은 아주 행복해하면서 그날 밤에도 여느 때와 마찬가지로 그윽한 장미 향기를 즐기기 위해 정원으로 들어갔다. 그런데 장미 정원의 모습은 여느 때와 같았으나 뭔가 잘못되어 있었다. 향기가 예전 같지 않았던 것이다. 무엇인가가 빠져 있는 느낌이었다. 중요한 본질 일부가 사라져 버린 것이다. 마치 소금을 넣지 않은 빵 같았다.

그는 자신이 지쳐서 그럴지도 모른다고 생각하면서 지하실에 간직하고 있던 묵은 포도주를 황금 잔에 부었다. 지금까지 기대를 저버린 적이 한 번도 없었던 포도주마저도 이번에는 맛이 밍밍했다. 당시에 노인은 매우 아름답고 젊은 아내를 두고 있었는데, 아내가 마지막 테스트의 대상이었다. 그런데 아내와 키스를 할 때, 그녀도 포도주와 장미향처럼 밍밍했다.

그래서 그는 하느님에게 슬픔을 털어놓으면서 열정을 도로 돌려달라고 간청했다. 그가 매우 독실한 사람이었기에, 하느님은 그가 원하는 대로 들어주었다. 그러자 그는 악령을 다시 맛보면서 악령인데도 이상하게 달콤하다는 사실을 깨닫게 되었다. 장미는 예전의 경이로운 향기를 다시 피웠고, 포도주는 정말 달콤했으며, 아내와의 입맞춤은 예전 그 어느 때보다 더 뜨거웠다.

■ 꿈 분석

도덕이라는 단어는
위험하다

도덕이라는 단어를 사용하는 것은 다소 위험한 일이다. 도덕이라는 단어는 그다지 좋은 단어가 아니다. 명확한 의미가 전혀 없기 때문이다. 어떤 사회에서는 아이들을 제물로 바치는 것도, 시민을 고문하는 것도, 노예를 사고파는 것도 도덕적인 행위로 여겨진다.

'도덕'(moral)이라는 단어는 버릇이나 습관을 뜻하는 라틴어 단어 '모레스'(mores)에서 비롯되었다. 우리는 이 단어를 선과 악의 개념과 연결시키고 있지만, 이 단어는 원래 상대적인 의미를 지닌다는 사실을 언제나 잊지 말아야 한다.

선악 사상은 시대와 나라에 따라 다 다르다. 거짓말은 스위스에선 부도덕하지만 이탈리아에 가면 인간미 넘치는 관습이 될 수 있다.

■ 꿈 분석

먼저 당신 자신부터
사랑하라

예수 그리스도께서 "당신의 이웃을 당신 자신 같이 사랑하라."고 하셨으니, 먼저 당신 자신부터 사랑하도록 하라.

당신 자신을 사랑하는 것이 너무나 어려운 일이기 때문에, 당신은 오랫동안 그 누구에게도 당신을 사랑해 달라고 부탁하지 못한다. 당신을 사랑하는 것이 정말 힘든 일이라는 사실을 당신 자신부터 잘 알고 있기 때문이다.

당신은 당신 자신을 미워하고, 당신 자신을 경멸하고, 방 안에서 혼자서 2시간도 견뎌내지 못한다. 어느 목사처럼 말이다. 이 목사는 아침 7시부터 밤 11시까지 줄곧 사람들과 어울린다. 그 결과, 그의 내면은 텅텅 비었고, 그 때문에 온갖 장애가 그를 괴롭히게 되었다.

당신은 당신 자신에게 무엇인가를 줘야 한다. 당신이 당신 자신에게 주지 못하는데, 어떻게 다른 사람들에게 줄 수 있겠는가? 그러니 먼저 당신 자신에게 베푸는 것부터 배우도록 하라.

나는 사람들에게 가끔 홀로 지내봐야 한다는 것을 가르치는 데 엄청난 어려움을 겪는다. 사람들은 책을 읽거나 아내와 함께 피아노를 치는 것을 홀로 있는 것으로 생각한다. 그러면서 매일 한 시간씩 그야말로 혼자 지내야 한다면, 미치고 말 것이라고 생각한다.

만약 당신이 조금 긴 시간 동안 당신 자신을 견뎌내지 못한다면, 당신의 방 안에 동물들이 가득하다고 보면 된다. 당신이 고약한 냄새를 풍기고 있는 것이다. 그러면서 당신은 이웃에게 당신을 사랑해야 한다고 주장한다.

기준은 당신이 당신 자신을 사랑할 수 있는가, 당신 자신을 견뎌낼 수 있는가 하는 것이다.

자신을 사랑하는 일은 대단히 어렵다. 자신의 살점을 먹는 것보다 더 형편없는 식사는 없기 때문이다. …

사람은 자신을 사랑해야 한다. 사람은 형제들 중에서 자기 안에 있는 가장 미천한 형제부터 받아들여야 한다. 그래야만 자신을 견뎌내고 자신을 멀리하지 않을 것이다.

자기 자신조차 참아내지 못하는데 다른 것을 어떻게 참아낼 수 있겠는가? 당신이 맛없다고 먹지 않는 음식을 다른 사람에게 내놓을 수는 없지 않는가?

　당신 자신을 미워하면서 이웃을 사랑하는 것처럼 꾸밀 때, 그것은 의심 그 이상이고 독(毒)이다. 그거야말로 최악의 위선이다. 아시다시피, 당신 자신을 사랑하지 못하는 당신은 다른 어느 누구도 절대로 사랑하지 못한다. 자기 자신을 사랑하지 않는 상태에서 이웃을 사랑한다고 말하는 것은 자신에 대한 생각도 제대로 하지 못하는 주제에 다른 사람들을 대신해서 생각해 주겠다고 나서는 것과 다를 바가 하나도 없다.

■ 칼 융, 차라투스트라를 분석하다

당신의 감정은 당신 자신에 대한
이야기를 들려줄 뿐이다

감정적인 말을 내뱉을 때마다, 그 말이 바로 당신 자신에 대해 하는 말일 확률이 아주 높다는 점을 기억하라. 바꿔 말하면, 당신의 감정 때문에 투사가 일어나고 있을 가능성이 매우 크다는 뜻이다.

당신은 언제나 적응이 제대로 되지 않은 곳에서 감정을 품게 된다. 적응이 제대로 되었다면, 전혀 아무런 감정이 필요하지 않을 것이다.

감정은 당신이 임무를 수행할 준비가 되어 있지 않다는 점을 겉으로 드러내는, 본능의 폭발에 불과하다. 어떤 상황이나 사람을 다루는 방법을 모를 때, 당신은 감정을 느끼게 된다.

감정은 어떤 것이든 정상적인 상태가 아니고 예외적인 상태다. 자아가 일시적으로 감정에 압도되고 있는 것이다. 그런 경우에 사람은 이성을 잃게 되는데, 바로 그것이 예외적인 상태이다. 그래서 원시인들은 언제나 동료들뿐만 아니라 자신의 내면에서 일어나는 감정도 두려워한다.

어떤 감정을 품는다는 것은 병적인 조건으로 향하고 있다는 뜻이다. 또 병적 조건이 언제나 적응력 부족으로 인해 일어나기 때문에, 감정 자체를 열등한 적응이라고 부를 수 있다.

질병에 대한 옛날의 정의는 적응이 불완전한 상태였다. 이 정의는 감정에도 그대로 적용된다.

■ 칼 융, 차라투스트라를 분석하다

직선적인 삶은
삶을 살지 않는 것이나 다름없다

길가메시[7] 신화를 보면, 완전한 인간은 3분의 2는 신이고 3분의 1은 인간인 그런 존재로 여겨진다. 완전한 인간은 비애와 기쁨을 느끼는 인간이고, 두 가지 운동을, 말하자면 높이 올라갔다가 깊이 떨어지는 운동을 다 하는 존재이다.

완전한 삶은 높은 곳에서 낮은 곳으로, 다시 낮은 곳에서 높은 곳으로, 외향에서 내향으로, 다시 내향에서 외향으로 크게 이동하는 삶이다.

그런 상반된 것들을 담아내지 못하는 삶은 그냥 직선의 삶일 뿐이며, 그런 삶은 마치 호흡을 하지 않는 것이나 마찬가지고 삶을 살지 않는 것과 다르지 않다.

심장 확장과 심장 수축 같은 리듬을 타며 사는 사람은 온전한 삶을 살 것이고, 따라서 완전에 가까이 다가서게 될 것이다.

■ 꿈 분석

....
7　BC 2600년경에 남부 메소포타미아의 우루크를 통치했던 인물로 추정된다

회의하는 것이
지혜의 시작이다

젊은이들은 삶의 이중성을 무시해도 별로 문제가 되지 않는다. 그러나 나이든 사람에겐 자기 자신과 세상이 모호하다는 사실을 아는 것이 매우 중요하다.

회의(懷疑)를 품는 것이야말로 지혜의 시작이다.

나이든 사람이 존재의 가치에 대해 회의를 품기 시작하는 것은 중요하다. 그래야만 자기 자신을 세상으로부터 해방시킬 수 있을 것이기 때문이다.

젊은이들은 회의를 품은 상태에서 살아가지 못한다. 삶에 대한 회의가 지나치게 깊은 사람은 세상 속으로 들어가지 못한다. 그러나 성숙한 사람은 세상으로부터 자신을 보다 멀리 떼어놓을 수 있어야 한다. 사람이 중년으로 접어들 때, 세상을 어느 정도 멀리하는 것은 지극히 정상이다. …

선과 악은 오직 성장 속에서만 하나로 결합한다. 그러나 당신은 더없이 깊은 회의에 빠져 정지해 있을 때에 성장하며, 따라서 꾸준히 회의를 놓지 않는 것이 삶의 진정한 기술이다.

회의를 품지 않는 사람은 제대로 처신하지 못한다. 그런 사람은 의심스런 사람이다. 그 사람은 성장하지 못하며, 따라서 살아 있지 않다. 회의는 가장 강력한 것과 가장 약한 것의 표시이다. 강한 사람은 회의를 품지만, 회의는 약점을 갖고 있다. 따라서 가장 약한 것은 가장 강한 것과 통한다. 어떤 사람이 자신의 회의를 향해 "네가 있어서 좋아!"라고 말할 수 있다면, 그 사람은 가장 강한 자가 된다. 하지만 광범위한 카오스를 견디지 못하는 사람이라면, 어느 누구도 자신의 회의에 대해 긍정적으로 생각하지 못한다.

오늘날 매사에 어떤 말이든 한 마디 할 수 있는 사람이 너무나 많기 때문에, 사람들이 삶을 사는 방식에 관심을 기울이도록 하라. 사람이 하는 말은 매우 많을 수도 있고 매우 적을 수도 있다. 그러니 그 사람의 삶을 조사하도록 하라.

■ 꿈 분석 ■ 레드 북

최고의 이상은
사랑이 아니라 삶이다

얼마 전에 어느 미국인이 '사랑의 죽음'에 관한 글을 썼다.

일반적으로 사랑이 최고의 이상으로 믿어지고 있다. 사랑이 최고의 이상인지에 대한 논의가 한 번도 없었음에도 불구하고 당연히 그런 것으로 여겨지고 있다.

그러나 우리 시대는 사랑이 최고의 이상이 아니라 삶이 최고의 이상이라는 사실을 보여줄 것이다.

■ 꿈 분석

정신과 육체의
허물을 벗어라

모든 사람의 심리에는 죽어야 할 것들이 틀림없이 있다. 벗겨내야 할 쓸모없는 껍질 같은 것이 있다는 뜻이다.

신체의 신진대사가 일어나는 과정에, 매일 세포들이 죽는다. 오늘 살아 있던 세포가 내일 죽어서 벗겨진다. 그렇듯, 심리에도 우리는 절대로 성숙 단계까지 이르지 못할 것들도 구축해야한다. 그런 것들은 한동안 유용하게 쓰이다가 사라진다. 예를 들면, 젊을 때 기대를 품게 만들었던 재능도 어느 시기를 넘기면시들어 사라질 수 있다.

삶은 하나의 실험실이다. 자연의 실험실인 것이다. 당연히 많은 것이 실패하게 되어 있다. 그런데도 사람들은 "이것도 실패했고, 저것도 실패했어."라고 불평하면서 자신이 할 수 있는 일이 무엇인지 모르고 있다. 그러다 보니 사람들은 비관적이게 되고 자신이 할 수 없는 일만을 의식하게 된다. …

모든 존재가 불멸이었을 때, 말하자면 모두가 허물을 벗을 수있던 때에 관한 아프리카 흑인들의 신화가 있다. 어느 날 사람들이 목욕을 하고 있었는데, 어느 늙은 여인이 그만 자신의 허물을 잃어버리고 말았다. 그래서 그녀는 죽게 되었으며, 이것이 세상에 죽음이 생겨나게 된 사연이다.

유추하면, 사람들은 뱀처럼 옛날의 옷을 벗어야 한다. 가톨릭 교회의 견진 성사를 보면, 어린 소녀들이 흰 옷을 입는다. 나는 아프리카에서 성년식에서 할례를 하는 소년들이 대나무로 온몸을 감는 것을 보았다. 이 대나무는 정신적 새살, 즉 영혼의 옷이다. 폴리네시아 사람들은 봄의 소생을 알리는 가면을 쓴다. 카니발이 벌어지는 동안에 사람은 새해의 옷을 걸친다. 사람은 새해에 다시 태어난다. …

수도원은 인간이 스스로 자신의 가죽을 벗겨내는 위대한 조직이라고 할 수 있다. 기독교 은자(隱者)들의 수행은 자신의 묵은 가죽을 벗기려는 노력이었다. 스스로 허물을 벗음으로써 나비가 되는 애벌레처럼. 이것은 죽음이 이 땅에 처음 나타나게 된 사연에 관한 흑인들의 이야기와 비슷하다.　■ 꿈 분석

문제에 이름만 붙여줘도
반쯤 해결된다

이름은 효과를 발휘하고, 말은 액막이 역할을 한다. 정신 분석가가 환자의 문제에 이름을 붙여주기만 해도, 환자는 문제에서 반정도 해방된다. 그래서 문제 해결에 명명(命名) 효과를 건전하게 이용하기도 한다.

동시에 이름에는 끌어당기는 힘도 있다. 당신이 어떤 것의 이름을 부르면, 바로 그것이 나타날 수 있다. 그래서 사람들이 "그것에 대해선 말도 꺼내지 마!"라고 하거나 부정한 것을 덮을 단어를 선택한다.

어떤 이름은 기피의 대상이 된다. 한 예로, 흑해는 '너그러운 바다'라 불리기도 한다.

■ 꿈 분석

주목받으려면
목소리를 낮춰라

'차라투스트라는 이렇게 말했다'를 쓸 당시에 니체는 동시대의 세상 전체를 상대로 싸우고 있는 중이었으며, 그 싸움이 그에게 자신의 글이 어디에도 가닿지 않고 아무런 메아리를 일으키지 않는다는 무력감을 안겨주었다. 그땐 정말 그랬다. 아무도 그에게 신경쓰지 않았다. 그의 목소리는 황야에서 외치고 있는 사람의 목소리였다. 그래서 그는 목소리를 더욱 높였다.

잘 알고 있듯이, 다른 사람이 당신의 말을 이해하지 못하는 상황이 벌어지면, 당신은 대체로 목소리를 낮춘다. 목소리를 높이면 이해가 더 힘들어질 뿐만 아니라, 사람들이 큰 목소리를 좋아하지 않기 때문이다. 당신이 혼잣말을 할 때, 사람들은 그러는 당신에게 오히려 호기심을 더 강하게 보인다.

■ 칼 융, 차라투스트라를 분석하다

99

인생 중반엔
다른 원리가 시작된다

마흔쯤 되면, 자연히 큰 변화가 따른다. 인생에서 자아의 목표가 약해지고, 인생 자체를 성취하는 것이 중요해지고, 다른 원리가 시작된다. 그 전까지, 과거의 기억에 별로 신경을 쓰지 않는 것은 꽤 정상이다. 바꿔 말하면, 의지를 자아 목표에 적용하기 위해 정신의 핵심으로부터 멀리 벗어나는 것도 꽤 정상이다.

그러나 인생 중반에 이르면, 갑자기 내면의 핵심 영역이 권리를 강력히 주장하고 나선다. 우리는 자신의 운명을 스스로 결정하지 못하게 되고, 일들이 그냥 우리에게 강요되며, 마치 우리의 의지가 우리 자신으로부터 벗어나려고 애쓰는 것처럼 보인다. 그러면 우리는 속박당하는 것과 비슷한 상황에서 옛날보다 더 힘들여 노력해야만 자아의 목표를 추구할 수 있게 된다.

■ 칼 융, 차라투스트라를 분석하다

당신 자신의 행복이
중요하다

당신이 자식들의 행복을 추구하면서 당신 자신의 행복을 무시하는 경우에 당신의 자식들은 오히려 나쁜 유산을, 매우 나쁜 인상을 물려받는다. 당신이 자식들을 위해 무엇인가를 산출하려고 노력하는 경우에, 아이들의 뇌리에 고통스런 삶의 그림이 각인될 것이다.

그러니 그런 식으로 삶을 살지 않도록 하라. 그런 부모를 보고 자식들은 이건 아니잖아, 라고 생각한다.

그런 식의 삶은 다른 방향으로도 잘못되어 있다. 당신이 늘 자식들의 행복을 준비하다 보면 정작 당신 자신의 행복을 돌보는 방법을 모르게 되고, 당신의 자식들도 자신을 돌보는 방법을 모르게 된다. 그러면 당신의 자식들도 당신처럼 자기 자식의 행복을 위해 살아갈 것이고, 또 당신의 손자도 당신처럼 자기 자식의 행복을 위해 살아갈 것이다.

그런 식으로 삶이 이어지는 경우에, 행복은 언제나 미래의 어딘가에 있게 된다. 그래서 당신은 평생 동안 언젠가 도래할 왕국

101

에 대한 희망을 품고 살지만, 그 왕국은 절대로 오지 않는다.

그런데 모든 세대가 미래의 왕국을 위해 뭔가를 하고 있다. 모든 세대가 아이들이 왕국을 이룰 수 있도록 하기 위해 스스로를 고문하고 있지만, 그 아이들도 성장해서 우리와 똑같은 바보가 될 것이다.

그러니 지금 여기에, 당신 자신을 위한 왕국을 만들도록 하라. 이것이야말로 정말 훌륭한 가르침이다.

■ 칼 융, 차라투스트라를 분석하다

다른 사람들과
다른 사람은 없다

개인 무의식은 의식이 될 수 있는 내용물로 구성되어 있다. 개인 무의식을 갖고 있는 것은 완전히 불필요한 일이다. 그래서 개인 무의식은 일종의 태만이라고 할 수도 있다.

사람은 자연의 사실들을 모르고 있으면 안 된다. 허기나 섹스 관련 문제, 사람들과의 관계 등을 모르고 있는 것은 말이 되지 않는다. 이런 것들은 모두 의식되어야 한다.

어느 누구도 자신은 다른 사람들과 다르다고 상상해서는 안 된다. 또 도덕적으로나 미학적으로, 혹은 다른 측면으로 완벽한 존재라는 착각에 빠져서도 안 된다. 그런 착각에 빠지는 사람은 집단 무의식을 깨닫지 못한다. 꽤 당연한 일이다. 그들이 언제나 어둠 속에 묻혀 있고, 따라서 개인 무의식이 사라지기 전까지는, 다시 말해 자기 자신이나 세상에 대한 그릇된 이론이나 기대, 착각을 품고 있는 한에는 집단 무의식을 절대로 자각하지 못할 것이기 때문이다.

심리적 기준을 전혀 갖고 있지 않은 사람은 자신이 늘 똑같다고 단정한다. 그러나 언제나 똑같은 존재로 남는 것은 지극히 어려운 일이다. 우리가 각 개인에게서 보고 있는 것은 그 사람의 페르소나[8]다.

사람은 외부로 나갈 때 언제나 껍데기를 뒤집어쓰고 나간다. 겉모습만 보여준다는 뜻이다.

우리는 자신의 내면에 대해 어렴풋이만 알고 있다. 그런데 많은 사람들이 자기 자신에 대해 아주 조금밖에 모르면서도 페르소나가 자신이라고 믿다가 결국 신경증 환자가 되고 만다.

■ 꿈 분석

··········
8 페르소나(persona)는 사람이 사회에서 다른 사람들로부터 비난을 듣지 않기 위해 겉으로 꾸미는 태도나 성격을 말한다. 이 태도나 성격은 그 사람의 본성과 판이하다.

직관 유형이여!
지금 이 순간, 여기에 충실하도록 하라

직관 유형의 사람들은 언제나 자신보다 앞서 나아간다. 여기 이 순간에 몰입하는 경우는 거의 없다. 직관 유형의 사람들이 미래에 다가올 가능성을 미리 찾아나서기 때문이다.

육체는 특히 지금 이 순간에 있다. 말하자면 사람들을 여기 이 순간에 가둬두고 있는 감옥이 육체인 것이다.

직관은 시간과 공간 속에서 사람을 지금 이곳으로부터 제거하는 기능이다. 그래서 육체는 그에 대한 보상으로, 불건전할 만큼 직관적인 사람에게 반발하게 된다. 그 결과, 직관적인 유형은 온갖 종류의 병을, 특히 위장 장애로 고통을 겪는다. 직관을 지나치게 많이 갖는 것은 위험한 일이다. 직관에 심하게 휘둘리는 사람은 자신이 멋진 미래의 다른 나라에 가 있는 것이 아니라 지금 여기에 있다는 사실을 완전히 망각하고 있기 때문이다.

■ 칼 융, 차라투스트라를 분석하다

혁신은
아래에서 시작된다

인류 역사를 돌아볼 때, 우리는 단지 겉으로 일어난 일만을 보며, 그 겉모습도 인습이라는 색 바랜 거울을 통해 왜곡시킨다.

그러나 진짜로 일어났던 일은 사실을 탐구하는 역사학자의 눈길을 피한다. 왜냐하면 진정한 역사적 사건은 모든 사람들에게 경험되었으면서도 아무에게도 관찰되지 않은 채 깊은 곳에 그대로 묻혀 있기 때문이다.

진정한 역사적 사건은 정신적 경험 중에서 가장 은밀하고 가장 주관적인 경험이다. 전쟁이나 왕조, 사회적 격변, 정복, 종교는 어떤 정신적 태도, 말하자면 개인에게도 알려지지 않고 역사학자에 의해서도 전달되지 않는 그런 은밀한 정신적 태도의 피상적인 징후들에 지나지 않는다.

이 측면에서, 아마 종교의 창설자들이 가장 많은 정보를 제공할 것이다.

세계 역사에 기록된 위대한 사건들은 실은 아주 하찮다. 최종적으로, 근본적인 것은 어디까지나 개인의 삶이다. 개인의 삶만

이 역사를 만들고, 개인의 삶에서 먼저 중대한 변화들이 일어난
다. 전체 미래, 그러니까 세계 역사 전체는 최종적으로 개인들
안에 숨어 있는 이런 원천들로부터 하나의 거대한 총합 같은 것
으로 생겨난다. …

위대한 혁신은 절대로 위에서 나오지 않는다. 위대한 혁신은
반드시 아래에서 비롯된다. 나무들이 결코 하늘에서 아래로 자
라지 않고 땅에서 위로 자라듯이 말이다.

■ 전환시대의 문명

인간이
최악이다

동물은 자기와 같은 종(種)에게 저항하지 않는다.

동물들을 깊이 생각해 보라. 동물들이 얼마나 정의롭고, 얼마나 처신이 훌륭하고, 시간을 존중하는 마음이 얼마나 크고, 자신을 낳아 준 땅에 충성하는 마음이 얼마나 깊고, 익숙한 방식을 고집하는 태도가 얼마나 강한지를 보라.

또 동물들이 새끼를 얼마나 정성들여 보살피는지, 또 얼마나 다정하게 어울려 초원으로 나가는지, 그리고 샘이 나타나면 어떤 식으로 함께 모이는지를 보라.

먹이가 많은 곳을 숨겨 놓고 형제가 굶어죽게 만드는 동물은 하나도 없다. 같은 종의 다른 동물들에게 자신의 의지를 강요하려 드는 동물도 하나도 없다.

모기인 주제에 자신이 코끼리라고 잘못 상상하는 동물도 하나도 없다. 동물은 언제나 적절하게 살며 종의 생명에 충실하다. 어떤 동물도 지나치지 않고 모자라지 않는다.

자신이 가진 동물적 특성을 전혀 살고 있지 않은 사람은 형제를 동물처럼 대접하지 않을 수 없다.

　당신 자신을 낮추며 동물적인 특성을 살아라. 그러면 당신의 형제를 제대로 대접할 수 있게 될 것이다. 그리고 당신이 하는 온갖 것을 법으로 만들지 않도록 하라. 그것이 힘의 오만이기 때문이다.

■ 레드 북

자신의 삶을 온전히 사는 것은
참으로 힘든 일이다

자기 자신을 산다는 것은 곧 당신 자신이 과업이 된다는 뜻이다. 자신을 사는 것이 쾌락이라는 말은 절대로 하지 않도록 하라. 자신을 사는 것은 절대로 유쾌하지 않으며 길고 긴 고통이다. 당신 자신이 당신의 창조자가 되어야 하기 때문이다.

만약 당신 자신을 창조하길 원한다면, 당신은 최선의 것과 지고한 것으로 시작하지 않고 최악의 것과 맨 밑바닥에 있는 것으로 시작해야 한다. 그러니 당신 자신을 사는 것이 꺼려진다고 말하도록 하라.

삶의 강의 흐름은 기쁨이 아니고 고통이다. 이유는 흐름 자체가 힘과 힘의 부딪힘이고, 죄이고, 신성한 것을 깨뜨리는 것이기 때문이다.

■ 레드 북

죽음을
기억하라

당신은 당신 안에 있는 악에 대해 생각해본 적이 있는가? 당신은 웃는 얼굴로 그 악에 대해 말하고, 그 악에 대해 고백한다. 인간이면 대체로 갖고 있는 악이라고. 혹은 거듭해서 일어나는 오해라고. 하지만 당신은 악이 무엇인지 아는가? 또 그것이 당신의 미덕 바로 뒤에 서 있다는 것을, 그것이 당신의 미덕 그 자체라는 것을 아는가?

무엇이든 명쾌하게 보려면 죽음의 냉기가 필요하다. 생명은 살고 죽기를 원하고, 시작하고 끝내길 원한다. 당신은 영원히 살라는 강요를 받지 않으며, 당신은 죽을 수도 있다. 당신 안에 두 가지를 다 하려는 의지가 들어 있기 때문이다.

당신의 존재 안에서 삶과 죽음이 균형을 이뤄야 한다. 오늘날의 사람들에겐 삶과 죽음 중에서 죽음의 비중이 더 클 필요가 있다. 이유는 현대인의 내면에 옳지 않은 것들이 너무 많이 살아 있고 옳은 것들이 너무 많이 죽어 있기 때문이다.

균형을 지키는 것은 옳은 일이고, 균형을 방해하는 것은 옳지 않은 일이다. 그러나 균형이 성취된 뒤에는 균형을 지키는 것이 옳지 않고 균형을 깨뜨리는 것이 옳다. 균형은 삶인 동시에 죽음이다. 삶의 완성을 위해선 죽음과의 균형이 적절해야 한다.

만약 내가 죽음을 받아들인다면, 나의 나무는 푸르러질 것이다. 죽음이 생명력을 더욱 높일 것이기 때문이다. 만약 내가 세상을 둘러싸고 있는 죽음 속으로 떨어진다면, 그땐 나의 싹들이 확 터져 나올 것이다. 그러니 우리의 삶이 얼마나 많은 죽음을 필요로 하겠는가!

당신이 죽음을 받아들일 때에만, 아주 하찮은 것에도 기뻐할 줄 아는 마음이 생긴다. 그러나 당신이 살아갈 수 있게 할 온갖 것을 탐욕스럽게 찾는다면, 그 어떤 것도 당신의 쾌락을 만족시키지 못하고, 당신을 지속적으로 에워싸고 있는 작은 것들은 더 이상 기쁨이 되지 못한다.

그래서 나는 죽음을 직시한다. 죽음이 나에게 살아가는 방법을 가르쳐 주기 때문이다.

만약 당신이 죽음을 받아들인다면, 죽음은 서늘한 밤과 같고 근심스런 불안과 같을 것이다. 그러나 그 서늘한 밤은 달콤한 포도가 가득 열린 포도밭의 밤이다.

죽음은 여물게 한다. 열매를 거두기 위해선 죽음이 필요하다. 죽음이 없으면, 삶은 무의미해진다. 영원성이 다시 일어서면서 생명 자체의 의미를 부정할 것이기 때문이다. 무엇인가가 되기 위해서, 그리고 살아 있음을 즐기기 위해서 당신은 죽음을 필요로 하고, 생명의 한계는 당신으로 하여금 당신의 존재를 완성할 수 있도록 한다.

■ 레드 북

빈곤을
벗삼아라

빈곤이 나에게 합류하면서 나의 영혼 속으로 받아들여지길 원하고 있다. 그렇다면 나는 충분히 빈곤하지 않다는 뜻이다. 내가 빈곤을 살지 않을 때, 나의 빈곤은 어디에 있었는가? 나는 삶의 선수였다. 삶에 대해 정직하게 생각하고 삶을 편하게 산 사람이라는 뜻이다.

빈곤이 멀리 벗어나 있은 탓에 망각되었다. 그래서 삶이 힘들어지고 더욱 음울해졌다. 겨울이 계속 이어졌고, 빈곤은 눈밭에 서 있다가 얼어붙어 버렸다.

나는 스스로 빈곤과 결합한다. 내가 빈곤을 필요로 하기 때문이다. 빈곤은 삶을 가볍게 만들고 편하게 만든다. 빈곤은 깊은 곳으로, 말하자면 높은 곳을 올려다볼 수 있는 바닥으로 나를 안내한다.

깊은 곳을 갖고 있지 않으면, 나에겐 높은 곳도 없다. 내가 높은 곳에 있을 수 있겠지만, 바로 거기에 있다는 사실 때문에 나는 높은 곳을 자각하지 못하게 된다. 그러므로 나에게는 재생을 위한 바닥이 필요하다.

만약 내가 언제나 높은 곳에만 있다면, 나는 그 높은 곳에 질릴 것이며 최선의 것이 나에게는 끔찍한 것이 되고 말 것이다.

높은 곳에 서서 거기서 더 이상 아래로 내려가지 못하는 사람은 병들게 된다. 그런 사람은 자기 자신과 타인들이 고통에 시달리도록 만든다. 만약 깊은 곳에 닿을 수 있다면, 당신은 거기서 당신 머리 위로 높은 곳이 밝게 빛나는 것을 보게 될 것이다.

■ 레드 북

남자와여자로 보지말고
인간으로 보라

남자들이 완전을 이루기엔 여성성을 얼마나 많이 결여하고 있는지 아는가? 여자들이 완전을 이루기엔 남성성을 얼마나 많이 결여하고 있는지 아는가? 당신은 여자들에게서 여성성을, 남자들에게서 남성성을 찾는다. 따라서 당신에겐 언제나 남자들과 여자들만 있을 뿐이다.

하지만 인간들은 어디에 있는가? 남자인 당신은 여자에게서 여성성을 찾을 것이 아니라 당신 자신에게서 여성성을 찾고 그 여성성을 인정해야 한다. 당신이 처음부터 갖고 있었던 그 여성성을 말이다. 그러나 남자다움 운운하는 것이 당신에게 아주 기분 좋게 들린다. 그것이 익히 잘 알려진 길을 여행한다는 뜻이기 때문이다.

여자인 당신은 남자들에게서 남성성을 찾을 것이 아니라 당신 자신에게서 남성성을 확인해야 한다. 당신도 처음부터 남성성을 갖고 있기 때문이다. 그러나 여자다움 운운하는 것이 당신을 편하게 만든다. 따라서 남자가 그런 여자인 당신을 경멸하게 된다. 이유는 남자가 자신의 여성성을 경멸하기 때문이다.

그러나 인간은 남성적이고 여성적이다. 여자나 남자가 아닌 것이다. 당신은 당신의 영혼에 대해 그것이 남자인지 여자인지 자신 있게 말하지 못한다. 그러나 면밀히 들여다보면, 더없이 남성적인 사람도 여성적인 영혼을 갖고 있고 더없이 여성적인 사람도 남성적인 영혼을 갖고 있다는 사실이 확인된다. 당신이 남자다운 면을 많이 갖고 있을수록, 당신은 여자로부터 더 멀어질 것이다. 그것은 당신 안에 있는 여성성이 당신에게 낯설고 이질적이고 경멸스러운 것으로 비치기 때문이다.

■ 레드 북

소문을
중요하게 여겨라

라틴 민족으로 매우 남성적이었던 무솔리니의 기질은 여성적인 무의식을 가졌던 히틀러와 비교를 허용하지 않는다. 이탈리아인으로서 무솔리니는 고대 로마의 역사에 흠뻑 젖어 있으며, 제스처마다 자신을 카이사르와 동일시하고 있다는 점을 드러내고 있다. 그를 둘러싼 소문이 그의 기질을 특징적으로 잘 보여주고 있다.

이 소문이 사실인지 나로서는 알 길이 없지만, 얼마 전에 무솔리니가 어느 환영회에 고대 로마의 관복에다가 카이사르의 황금 월계관을 쓰고 나타나 사람들을 경악하게 만들었다고 한다. 이 이야기가 단순히 헛소문에 그친다 할지라도, 그것은 사람들이 무솔리니의 역할을 어떤 식으로 보고 있는지를 아주 멋지게 보여주고 있다.

소문은 분명히 좋지 않은 것이지만, 나는 언제나 소문이 흥미롭다는 사실을 발견한다는 점을 고백해야 한다. 이유는 소문이 공적인 인간에 관한 정보를 얻을 수 있는 유일한 수단인 경우가 종종 있기 때문이다.

소문은 진실이어야만 가치를 지니는 것이 아니다. 어떤 사람의 그림을 완전히 왜곡시키는 소문일지라도, 그것은 그 사람의 페르소나, 말하자면 그 사람의 공적인 겉모습이 작동하는 방식을 명쾌하게 보여준다.

페르소나는 절대로 진정한 성격이 아니다. 거기엔 개인의 행동과 대중이 그에게 안긴 역할이 결합되어 있다. 공적인 인물의 전기(傳記)에 담긴 대부분의 내용은 페르소나의 역사로 이뤄져 있으며 그 사람 개인의 진실은 거의 담겨 있지 않을 수 있다.

어쩌면 소문은 집중 조명을 받는 공적인 사람이 감내해야 하는 불이익일 수 있다.

■ 전환시대의 문명

미국인의 이상은
돈보다 영웅이다

미국인들에 대한 인상을 한마디로 표현하라고 하면, 끊임없이 돈을 추구하는 사람들이라는 대답이 자주 나온다. 그러나 미국인들에게 돈이 어떤 의미를 지니는지에 대해 전혀 모르는 사람들만 그런 식으로 생각할 수 있다. 만약 그렇게 생각하는 사람들이 미국인이라면, 미국이라는 나라의 특징은 돈이라는 표현으로 압축될 수 있다. 그러나 미국은 그렇게 간단한 나라가 절대로 아니다.

물론, 미국에도 다른 곳과 마찬가지로 보통 정도의 물질주의가 있지만, 동시에 대단히 존경할 만한 이상주의가 있다. 세계 어딜 가도 이상주의가 미국만큼 많이 발견되지 않는다. 유럽인에게 돈은 여전히 옛날의 터부 같은 마법을 어느 정도 지니고 있다. 금융 또는 고리대금 같은 돈놀이가 불성실한 업종으로 여겨지던 때부터 내려오는 터부다. 역사가 깊은 나라들에서 금융은 금지된 쾌락 같은 요소를 갖는 것으로 여겨진다. 그것이 유럽인에게 돈 문제에 관한 한 목소리를 낮추는 것이 훌륭한 처신으로 여겨지고 있는 이유다.

역사적 조건의 부담이 전혀 없는 미국인들은 돈을 벌어서 가치 있는 일에 쓸 수 있다. 미국인들은 특이하게 돈의 마법으로부터 자유로우면서도 돈을 많이 번다. 유럽인은 이 수수께끼를 어떻게 이해해야 할까?

미국은 어떤 원칙이나 사상, 태도를 갖고 있지만, 그것은 확실히 돈은 아니다. 나의 미국인 환자들과 제자들의 의식적인 정신과 무의식적인 정신을 꼼꼼히 파고들면서, 나는 일종의 '영웅적 이상'이라고밖에 묘사할 수 없는 무엇인가를 자주 발견했다.

미국인의 가장 이상적인 노력은 모든 사람의 내면에서 최선의 것을 끌어내는 일이며, 훌륭한 사람을 발견하면 누구나 당연히 그 사람을 지원하고 격려한다. 그러다 보면 그 사람은 열정적으로 노력하며 성공과 승리를 거두다가 쓰러지기까지 한다. 모든 가정에 이런 분위기가 팽배하다. 야심 찬 어머니들은 아들의 머릿속에 어떤 부류든 영웅이 될 것임에 틀림없다는 생각을 심어준다.

공장에서도 마찬가지다. 전체 시스템이 가장 훌륭한 사람을 가장 좋은 자리에 앉히려고 노력한다. 학교도 예외가 아니다. 모든 아이가 멋지고 용감하고 유능하고 "훌륭한 동료"가 되도록, 한마디로 말해 한 사람의 영웅이 되도록 훈련을 받는다.

사람이 깨뜨리지 못할 기록은 하나도 없다. 아주 터무니없어 보이는 일도 예외가 아니다. 영화는 온갖 종류의 영웅으로 넘쳐난다. 미국인의 칭찬은 세계 기록을 갖고 있다. "위대한" 사람과 "유명한" 사람은 분야를 가리지 않고 열광하는 군중들에게 둘러싸인다. 이탈리아 배우 루돌프 발렌티노도 자신의 몫을 충분히 누렸다. 독일에서라면 타이틀이 2m 정도 길이로 나열할 정도는 되어야 위대한 사람이 될 수 있다. 영국에서도 마찬가지로 타이틀이 그 정도로 많아야 젠틀맨이 될 수 있으며, 프랑스에서는 나라의 위상을 높여야 위대한 사람이 될 수 있다.

작은 나라들의 경우에 대체로 일들이 작을 필요가 있기 때문에 사람이 살아생전에 위대한 사람이 된다는 보장이 없으며, 따라서 위대하다는 평가는 주로 사후에 이뤄진다. 미국은 아마 "위대성"에 제한이 없는 유일한 나라일 것이다. 이유는 위대성이 그 나라의 가장 근본적인 희망과 욕망, 야망, 확신을 표현하고 있기 때문이다.

미국인에게 이런 것들이 꽤 자연스럽게 여겨질 수 있지만 유럽인에겐 그렇지 않다는 점을 나는 인정한다. 유럽인 중에서 미국의 영웅적인 이상(理想)을 경험하게 될 때 열등감을 느끼는 사람이 많다. 대체로 유럽인들은 그 점을 인정하지 않으며, 그래서 유럽에 대해 그만큼 더 크게 자랑하거나, 비판의 대상이 될 만한 미국의 많은 것들을, 예를 들면 난폭성이나 잔인성, 원시성 같은 것을 조롱하기 시작한다. 유럽인들은 종종 미국 세관에서 결정적인 첫 충격을 받으며, 그래서 미국의 나머지에 대한 관심이 크게 훼손된다.

영웅적인 태도에 일종의 원시성이 수반되는 것은 불가피하다. 왜냐하면 영웅적인 태도가 언제나 다소 발랄하고 원시적인 사회의 이상이기 때문이다. 그리고 그곳이 인디언의 진정한 역사적인 정신이 미국인들의 생활 속으로 들어가는 지점이다.

미국인들의 스포츠를 보라! 그들의 스포츠야말로 세상에서 가장 거칠고, 가장 무모하고, 가장 효율적이다. 미국에서는 스포츠가 단순한 놀이라는 개념은 거의 완전히 사라진 반면에, 세상의 다른 지역에서는 놀이라는 개념이 직업적인 스포츠라는 개념보다 더 팽배하다. 미국의 스포츠는 잔인할 정도의 훈련과 비인간적일 정도의 몰두를 요구한다. 미국의 스포츠맨은 검투사나 다름없으며, 관중들의 흥분은 피에 굶주린 상태와 비슷한 고대의 본능에 기인하고 있다.

미국 학생들은 야만적인 부족 중에서 최고의 존재들인 것처럼 입교식까지 거치며 비밀 결사를 조직한다. KKK(Ku Klux Klan)에서부터 '콜럼버스 기사단'(Knights of Columbus)까지 온갖 종류의 비밀 결사들이 미국 전역에서 결성되고 있으며, 그들의 의식(儀式)은 원시적인 신비 종교와 비슷하다. 미국은 심령술의 귀신들을 다시 살려냈으며, 과학보다는 샤먼의 정신적 치료와 관계가 더 깊은 크리스천 사이언스[9]로 질병을 치료하고 있다. 더욱이, 크리스천 사이언스의 치료는 꽤 치료 효과가 있는 것으로 드러나고 있다. 샤먼의 치료가 효과가 있었던 것처럼 말이다.

역사 깊은 유럽의 전통은 이런 활기찬 원시적인 영향 옆에서 오히려 창백해 보인다. 뉴욕을 비롯한 미국 대도시의 스카이라인과 타오스 족 같은 푸에블로 인디언의 주거지를 비교해 본 적이 있는가? 그리고 그 집들이 가운데를 향해 탑을 쌓듯 점점 높아진다는 것을 눈치 챘는가? 미국인들은 의식적 모방 없이 무의식적으로 인디언의 정신과 기질을 내면에 녹이고 있다.

이것과 관련해선 놀랄 만한 것이 하나도 없다. 늘 그래 왔다.

....
9   1879년 메리 베이커 에디가 미국 매사추세츠주 보스턴에서 창설한 기독교 계통의 신흥 종교다. 크리스천 사이언스 모니터라는 신문을 발행한다.

정복자는 기존의 거주자들을 물리력으로 정복하지만, 그들의 정신에 굴복한다. 권력의 정점에 달했을 당시에 로마는 영역 안에 동양의 온갖 신비 숭배를 두루 포함하고 있었다. 그럼에도 그 숭배 중에서 가장 소박했던 어느 유대인 신비 결사의 정신이 가장 위대한 도시의 위에서부터 아래까지 모든 것을 바꿔놓았다. 원시인들은 정복자들이 엉터리 조상의 정신을 물려받는다고 말한다. 나는 원시인들의 이 표현을 아주 좋아한다. 그 말은 뜻이 아주 깊으며 많은 암시를 담고 있다.

사람들은 좀처럼 어떤 사물을 놓고 그것이 본래 어떤 것이었는지 알고 싶어 하지 않는다. 그러면서 사람들은 그것이 유익한지 혹은 불리한지, 권할 만한지 아니면 나쁜지를 알기를 원한다. 마치 의심할 여지없이 좋거나 나쁜 것이 있는 것처럼.

사물들은 우리가 그것을 받아들이기에 달려 있다. 더욱이, 움직이고 있는 모든 것은 하나의 위험이다. 한 예로, 형성 중인 국가는 당연히 다른 나라뿐만 아니라 자국에게도 큰 위험이다. 예언가의 역할을 하거나 국가들에게 터무니없는 조언을 하는 것은 분명히 나의 임무가 아니다. 사실들은 그 자체로 유익하지도 않고 불리하지도 않으며, 단지 흥미로울 뿐이다. 그리고 모든 사실들 중에서 가장 흥미로운 것은 유치하고 충동적이고 "순진한" 미국이 아마 모든 나라들 중에서 가장 복잡한 심리를 갖고 있다는 점이다.

■ 전환시대의 문명

머리에서 가슴까지의
거리는 몇십 년이다

"그걸 머리로는 알 수 있어도 가슴으로는 알지 못해." 머리에서 가슴까지는 거리가 꽤 멀다. 10년, 20년, 30년, 아니 평생이 걸려야 닿을 수 있는 거리일 수도 있다. 왜냐하면 당신이 40년 동안 무엇인가를 머리로 알 수는 있었지만 그것이 가슴까지는 절대로 닿지 않을 수 있기 때문이다.

그러나 당신은 그것을 가슴으로 깨달을 때에만 거기에 진정으로 관심을 줄 수 있다.

■ 쿤달리니 요가의 심리학

사람은 절대로
객관적이지 않다

우리 인간은 절대로 객관적일 수 없으며, 분별력도 별로 없다. 그래서 우리는 이런저런 일이 그저 일어나는데도 그 같은 사실을 깨닫지 못하고 우리가 그 일을 하고 있다고 생각한다.

그런 우리는 마치 생각에 잠겨 숲 속을 걷다가 어떤 동물이 오솔길을 가로지르는 것을 보고는 "아니, 왜 내가 이 동물이 길을 가로지르도록 했지? 왜 내가 이 동물을 창조했지?"라고 묻는 사람과 아주 비슷하다.

사람은 뼛속까지 주관적이다. 심지어 객관적인 경험에 대해 말할 때조차도 분명히 본인에 대한 이야기를 하고 있다. 말하자면 어디까지나 자신의 심리에 대해 말하고 있는 것이다.

■ 칼 융, 차라투스트라를 분석하다

상황 밖에
서라

만약 당신이 어떤 상황에서 밖으로 빠져나와 있거나 상황 위에 설 수 있다면, 당신은 이렇게 말할 수 있다. "저런 일이 나에게 일어났다는 사실 자체가 재미있지 않아? 지금 나는 야릇한 혼란 상태에 빠져 있어! 저것이 나의 심리와 맞아떨어지는가? 저것은 나에게 무슨 의미지? 내가 저런 상황에 처해야 하는 이유가 뭐지?" 그때 당신은 그 상황 위에 있으며, 당신은 그 상황과의 싸움에서 승리를 거둘 수 있다.

그러면 더없이 해로운 상황이 즉시 생명을 안겨주는 상황으로 변할 수 있다. 파괴적이었던 것이 생명을 꽃피우는 아름다운 오아시스가 될 수 있는 것이다. 당연히 파괴적인 것에 대한 두려움도 완전히 사라진다.

■ 환상 분석

극복하기 가장 어려운
것이 성공이다

무엇인가에 성공하는 경우에 곧잘 자아 팽창이 일어난다. 왜냐하면 위대한 성취가 이뤄지는 순간에 당신이 당신 자신을 존경하지 않을 수 없게 되기 때문이다.

당신은 자신이 동료들과는 비교도 되지 않는다는 느낌을 받는다. 그러다 보면 당신은 바로 당신 자신에게 걸려 넘어지고 말 것이다.

그렇기 때문에 가장 맞서기 어려운 것은 고통이 아니라 성공이다. 성공이 당신에게 일어날 수 있는 최악의 사태일 수 있다. 성공은 대체로 정말로 위험한 팽창을 야기한다.

■ 환상 분석

사회가 향상한다는 생각은
망상이다

사회의 지속적 향상이라는 망상이 사람들에게 아주 오랫동안 강조되어 왔기 때문에, 사람들은 과거를 최대한 빨리 잊기를 원한다. 구제 불능인 사회 개혁가들이 언제나 사람들의 눈 앞에 늘어뜨리고 있는 멋진 신세계를 놓치지 않기 위해서다.

최신의 진기한 것을 추구하는 사람들의 갈망은 신경 쇠약이나 다름없는 병이지 절대로 문화는 아니다. 문화의 정수는 지속성과 과거의 보존이다. 진기한 것에 대한 갈망은 오직 반(反)문화를 낳고 야만성으로 끝난다.

그런 현상의 불가피한 결과는 최종적으로 전체 국민이 미래의 보다 나은 조건이라는 망상 때문에 거의 사라지거나 완전히 사라지게 된 바로 그 문화를 다시 동경하게 될 것이라는 점이다. 불행하게도, 우리 인간의 세계 또는 인간의 도덕적 구조는 그 어떤 진보와 향상도 일관되게 쭉 좋은 방향으로 일어날 수 없게 되어 있다. 왜냐하면 조만간 진보와 향상에 상응하는 남용이 나타나고, 이것이 축복을 저주로 바꿔놓을 것이기 때문이다.

우리 현대인들의 전쟁이 고대 로마 시대의 전쟁보다 어쨌든 "더 선하다"고 자신 있게 말할 수 있는가?

집단 조직에 대한 열광은 모든 사람이 자신의 사적인 세계에서 빠져나와 억지로 장터의 혼란 속으로 들어가도록 만들고 있다. 그러면서 그 열광은 그 사람을 집단 속의 무의식적이고 무의미한 입자 하나로, 온갖 종류의 암시에 무력하게 넘어가는 희생자로 만들고 있다.

절대로 실패하지 않는 미끼가 바로 "보다 나은 미래"라는 모토다. 이 모토는 모든 사람이 현재에 적응하는 것을 가로막고, 현재를 최대한 이용하는 것을 방해한다. 모든 사람은 더 이상 현재 속에서 살거나 미래를 위해 살지 못하며 완전히 비현실적인 방식으로 이미 미래에 가 있다.

그런 상태에서 사람은 속아서 현재를 완전히 빼앗기고, 과거는 더 철저히 빼앗기고, 자신의 뿌리로부터 단절되고, 지속성을 강탈당하고, "보다 나은 미래"라는 신기루에 영원히 속고 있다.

사람들을 부질없는 기대로부터 해방시켜 전통의 건전한 토대로 되돌려 놓음으로써 그들에게 "진보의 시대"가 허무주의적 비판으로 파괴했던 정신적인 문화의 축복을 상기시켜 주기 위해선 엄청난 환멸이 필요하다.

사이비 지식인들이 유치하기 짝이 없는 논거로 발명한 유물론이 이미 야기한 정신적 황폐에 대해서만 생각해 봐도 그 폐해를 미뤄 짐작할 수 있다. 그 어리석음 때문에 오히려 대단한 인기를 누리게 된 그런 종류의 사고를 제거하는 것은 대단히 어려운 작업이 될 것이다.

■ 전환시대의 문명

행복이나 만족은
어디까지나 개인의 문제다

행복과 만족, 정신의 평안, 삶의 의미. 이런 것들은 오직 개인에 의해서만 경험된다. 국가에 의해서는 결코 경험될 수 없는 것들이다. 국가는 한편으로 보면 단지 독립적인 개인들의 집합에 불과한데도 개인을 마비시키고 억압하겠다고 지속적으로 협박하고 있다.

영혼의 안녕에 필요한 조건에 대해 가장 잘 아는 한 부류가 바로 정신과 의사이다. 개인의 영혼의 안녕에 좌우되는 것들은 상상을 초월할 정도로 많다.

그 시대의 사회적, 정치적 환경도 분명히 매우 큰 의미를 지닌다. 그러나 사회적, 정치적 환경이 개인의 행복이나 불행에 미치는 영향이 터무니없을 만큼 과장되어 왔다. 사회적, 정치적 환경이 개인의 행복과 불행을 결정하는 유일한 요소로 여겨지고 있다는 점에서 보면 그렇다.

이 점에서, 우리의 모든 사회적 목표는 그 대상으로 삼고 있는 개인의 심리를 간과하고 있으며 또 개인의 망상만을 촉진시키는 실수를 저지르고 있다.

따라서 나는 정신적 장애의 원인과 영향을 밝히는 데 평생을 헌신한 정신과 의사들에게 오늘날 세계의 상황이 제기하는 물음들에 대한 의견을 한 사람의 개인으로서 최대한 정직하게 발표할 기회가 주어지기를 바란다.

나는 지나친 낙관론에도 흥분하지 않고 고매한 이상도 사랑하지 않으며 오직 개인적인 인간 존재의 운명에만 관심을 두고 있다. 개인이라는 아주 작은 단위가 이 세상의 바탕을 이루고 있으며, 또 이 세상은 바로 그런 개인에 의존하고 있다.

■ 전환시대의 문명

선이 무엇이고 악이 무엇인지, 우리는 모른다

보편적으로 유효한 선(善)과 악(惡)에 대한 정의가 있을 수 없다는 사실을 무시하면 안 된다. 달리 말하면, 우리는 선과 악이 무엇인지를 모른다. 따라서 선과 악은 인간의 의식(意識)의 필요에서 생겨나고, 또 바로 그런 이유로 선과 악은 인간의 영역 밖에서는 유효성을 상실한다. 말하자면, 선과 악이 형이상학적 실체를 갖고 있다는 가설은 허용될 수 없다.

만약 우리가 신이 하거나 허용하는 모든 것을 "선하다"고 본다면, 악도 선한 것이 되기에 "선하다"는 표현 자체가 무의미해진다. 그러나 고통은, 그것이 예수 그리스도의 수난이든 세상의 고통이든 언제나 똑같다. 어리석음과 죄, 병, 늙음, 죽음은 계속해서 어두운 구름을 형성하면서 생명의 아름다움을 갉아먹게되어 있다.

■ 아이온

문제아의 원인은
부모에게 있다

어른들은 종종 특이하고 완고하고 불복하는 아이나 다루기 힘든 아이를 보면 개성이 특별히 강하거나 고집이 센 아이라고 생각한다. 이것은 잘못된 판단이다. 그런 경우에 정신 분석가는 언제나 아이의 부모의 환경을, 부모가 처한 심리적 조건과 삶의 역사를 조사해야 한다. 그러면 거의 예외 없이 부모에게서 아이가 겪는 어려움의 진정한 원인이 발견된다.

아이의 기이한 성격은 아이 본인의 내면생활을 표현하는 것이 아니라 가정 내의 혼란스런 영향을 반영하고 있다. 어린 환자의 신경성 장애를 치료해야 하는 상황이라면, 의사는 반드시 부모의 정신적 상태에, 부모들의 문제에, 그리고 부모들이 살거나 살고 있지 않은 삶의 방식에, 부모들이 성취했거나 무시한 포부에, 그리고 가족을 지배하는 분위기와 교육 방식에 주의를 세심하게 기울여야 한다.

이런 온갖 정신적 조건은 아이에게 영향을 강하게 미친다. 아이는 초기에 자기 부모와 '신비적 참여'의 상태에서 산다. 아이가 부모의 정신에 일어나는 중요한 사건에 즉각적으로 반응한다는 사실은 거듭해서 확인된다. 그럼에도 아이는 물론이고 부모도 둘 사이에 벌어지고 있는 일을 의식하지 못한다는 점에 대해선 말할 필요조차 없다.

부모가 가진 콤플렉스의 전염성은 부모의 습관이 아이에게 미치는 효과에서도 쉽게 확인된다. 부모가 자신을 완벽하게 통제하려고 최선의 노력을 기울이고 있고, 그렇게 함으로써 주위의 어떤 어른도 그 부모에게서 콤플렉스의 흔적을 찾지 못할 때조차도, 아이들은 어떤 식으로든 자기 부모에게서 그 콤플렉스의 냄새를 맡는다.

새로운 것이라고 다 좋은 것이 아니라
질병일 수도 있다

새로운 모든 것에 대해서는 언제나 의문을 제기하고 주의 깊게 테스트를 해야 한다. 왜냐하면 그것이 새로운 질병으로 확인될 수도 있기 때문이다. 그것이 성숙한 판단력 없이는 진정한 진보가 불가능한 이유이다.

그러나 균형 잡힌 판단은 확고한 관점을 요구하며, 확고한 관점은 오직 과거에 대한 건전한 지식이 있어야만 가능하다.

역사적 맥락을 의식하지 않고 과거와의 연결을 슬며시 놓아버리는 사람은 온갖 기이한 것들이 일으키는 광기와 기만에 속아 넘어갈 위험에 처하게 된다. 아기까지 목욕물과 함께 버리는 것이 모든 혁신자들이 저지르는 비극이다.

■ 인격은 어떻게 발달하는가?

인문 분야가
모든 교육의 바탕이다

학교 교과 과정은 전문 분야 쪽으로 지나치게 많이 나가지 않아야 한다. 미래 세대에게 적어도 삶의 다양한 영역과 정신을 들여다볼 문은 열어줘야 한다.

내가 볼 때엔, 광범위한 기반을 가진 문화에선 역사를 존경하는 것이 특별히 중요한 것 같다. 실용적이고 유용한 것에 관심을 쏟고 미래를 고려하는 것도 중요하지만, 과거를 되돌아보는 것도 그것 못지않게 중요하다는 뜻이다.

문화는 지속성을 의미한다. "진보"를 통해서 뿌리를 뽑아버리는 것이 문화가 아닌 것이다. 특별히 영재 아이에겐, 균형 잡힌 교육이 정신 건강의 척도로 아주 중요하다. 영재 아이의 재능은 대체로 편향되어 있으며 그 재능은 거의 언제나 정신의 다른 분야의 미성숙에 의해 상쇄되어 버린다.

어린 시절은 과거의 어떤 상태이다. 어떤 의미에서 보면 발달 중인 태아가 인간의 계통 발생의 역사를 재현하고 있는 것과 똑같이, 아이의 정신은 프리드리히 니체의 표현을 빌리면 "초기

인류의 가르침"을 되살려내고 있다.

아이는 전(前)이성의 세상에서, 무엇보다도 전(前)과학의 세상에서 살고 있다. 말하자면 우리 이전에 존재했던 인간들의 세상에서 살고 있는 것이다. 우리의 뿌리는 그 세상에 있고, 모든 아이는 그 뿌리에서 자라고 있다.

성숙은 아이를 그 뿌리로부터 멀어지게 만들고, 미성숙은 아이를 그 뿌리에 묶어 둔다.

우주 기원에 대한 지식은 잃어버렸거나 포기한 과거의 세상과 아직 상상하지 못하는 미래의 세상 사이에 다리가 되어줄 것이다. 만약 우리가 과거가 물려준 인간의 경험을 소유하고 있지 않다면, 우리가 어떻게 미래를 이해하고 미래를 동화시키겠는가? 과거의 인간 경험을 소유하고 있지 않다면, 우리는 뿌리도 없고 관점도 없는 것이나 마찬가지다. 그러면 미래에 일어날 기이한 것들을 속수무책으로 그냥 받아들이고만 있어야 할 것이다.

그야말로 기술적이고 실용적이기만 한 교육은 온갖 기만을 막을 수 있는 안전장치를 절대로 제공하지 못한다. 그런 교육은 문화를 결여하고 있는데, 문화의 핵심적인 법칙은 역사의 지속성이다.

■ 인격은 어떻게 발달하는가?

기본적인 심리 기능은
4가지다

내향성과 외향성의 가설은 무엇보다도 개인들을 심리적으로 2
개의 큰 집단으로 나눈다. 그럼에도 이 분류는 피상적이고 일반
적인 성격이 아주 강하다. 그렇기 때문에 매우 대략적인 구분밖
에 허용되지 않는다.

　이 집단 또는 저 집단에 속하는 개인들의 심리를 보다 깊이 들
여다보면, 같은 집단에 속하는 개인들 사이에도 엄청난 차이가
있다는 사실이 금방 확인된다. 따라서 같은 집단에 속하는 개인
들 사이의 차이가 어디에 있는지를 확인하길 원한다면, 우리는
추가로 조치를 취해야 한다.

　나의 경험에 따르면, 개인들은 크게 내향성과 외향성으로 구
분될 뿐만 아니라 기본적인 심리적 기능에 따라서도 구분된다.
왜냐하면 외적 상황이나 내적 성향이 내향성이나 외향성 중 어
느 하나를 두드러져 보이게 하는 원인이듯이, 외적 상황과 내적
성향은 또 개인의 내면에서 한 가지 결정적인 기본 기능을 우월
하게 만들기 때문이다.

나는 오랜 경험을 통해서 기본적인 심리적 기능들이 사고와 감정, 감각, 직관이라는 것을 발견했다. 만약 이 기능들 중 어느 하나가 습관적으로 우세해지면, 결과적으로 그에 상응하는 유형이 나타난다.

　따라서 나는 사고 유형과 감정 유형, 감각 유형, 직관 유형으로 구분한다. 앞에서 말한 바와 같이, 이 유형들 각각은 또 대상과의 관계에 따라서 내향적이거나 외향적인 유형으로 나눠질 것이다.

■ 심리 유형

무의식적 보상에
중요한 단서가 있다

무의식은 의식적인 태도를 보상하는 기능을 갖고 있다. 의식적 태도가 한쪽 방향으로 지나치게 멀리 나갈 때 무의식이 불균형을 해소하기 위해 개입하고 나서는 것이다.

이런 무의식적 보상이 아주 특별한 형태로 나타나는 예가 알코올 중독자의 편집증이다. 알코올 중독자는 대체로 아내를 사랑하는 마음을 잃은 상태다. 그러면 알코올 중독자의 무의식이 그를 다시 예전의 의무 쪽으로 이끌려고 시도하지만 부분적으로만 성공할 수 있을 뿐이다. 왜냐하면 무의식적 보상이 알코올 중독자로 하여금 마치 여전히 아내를 사랑했던 것처럼 아내를 질투하도록 만들기 때문이다.

모두가 잘 알고 있듯이, 알코올 중독자는 단순히 질투심에서 심지어 아내와 자신을 죽이기까지 한다. 달리 말하면, 아내에 대한 그의 사랑은 완전히 사라진 것이 아니라 잠재의식적인 것이 되었을 뿐이며, 그 사랑은 지금 무의식의 영역에서 오직 질투의 형태로만 다시 나타날 수 있다는 뜻이다.

종교를 바꾼 사람들의 내면에서도 이와 비슷한 성격의 무엇인가가 확인된다. 개신교에서 가톨릭으로 개종한 사람은 잘 알려진 바와 같이 다소 광신적인 경향을 보인다. 이 개종자가 믿던 개신교는 완전히 사라지지 않고 단지 무의식 속으로 사라졌을 뿐이다. 그의 무의식 속에서, 개신교는 새로 획득한 가톨릭에 끊임없이 반론을 제기하고 있다. 따라서 개종자는 자신이 새로 택한 믿음을 다소 광적으로 강하게 옹호해야 한다는 압박감을 느끼게 된다.

그것은 자신의 망상이 내면에서 크게 위협을 받고 있는 탓에 모든 외부 비판으로부터 자신을 방어해야 한다고 느끼는 편집증 환자의 경우와 똑같다.

■ 분석 심리학

전문 지식은
끔찍하다

이 일화를 소개하는 것은 결코 우쭐대려는 뜻이 아니다. 동료들이 이런 질문을 던질 때면, 나는 거의 언제나 당혹감을 감추지 못한다. "그런 진단을 어떻게 내리게 되었죠?" "어떻게 그런 결론을 내렸죠?" 그러면 나는 "그것을 이해하는 데 필요한 모든 것을 설명하는 것을 허락한다면, 설명해 드릴 수 있어요."라고 대답한다.

그 유명한 아인슈타인이 취리히에서 교수로 재직할 때, 나는 난처한 상황을 자주 경험했다. 아인슈타인이 상대성 이론에 관한 연구를 시작할 때, 나는 그를 자주 만났다. 그가 나의 집을 찾을 때면, 나는 그에게 상대성 이론에 대해 물었다. 나는 수학에 재주가 없었고, 그런 나에게 아인슈타인이 상대성 이론에 대해 설명하면서 얼마나 힘들어 했을 것인지 충분히 짐작할 수 있다. 그는 어째해야 할 바를 몰라 했다. 그런 그의 모습을 지켜보면서 나는 나 자신이 한없이 작아지는 것을 느꼈다.

그러던 어느 날 그가 나에게 심리학에 대한 질문을 던졌다. 그

때 나는 그에게 복수를 할 수 있었다.

　이렇듯, 전문적인 지식은 끔찍한 단점이다. 그런 지식은 당신을 한쪽으로 지나치게 멀리 몰고 간다. 그러면 당신은 더 이상 세상일에 대해 설명하지 못하게 된다.

■ 분석 심리학 강의

감정은
합리적인 기능이다

네 가지 심리적 기능 중 하나인 감정에 대해 논할 때면, 사람들은 매우 혼란스러워 하며 종종 나에게 화를 내기도 한다. 왜냐하면 그들의 관점에 따르면 내가 감정에 대해 매우 무서운 무엇인가를 말하고 있는 것처럼 보이기 때문이다.

감정은 거기에 실린 감정 톤을 통해서 당신 앞에 놓인 사물이나 일들의 가치에 대해 말해준다. 예를 들면, 그 사물이나 일이 용인될 수 있는 것인지 여부에 대해 말해주는 것이다.

감정은 어떤 일이나 사물이 당신에게 지니는 가치에 대해 말해준다. 그 때문에, 당신은 감정 반응을 전혀 갖지 않은 상태에서는 지각하지도 못하고 통각하지도 못한다. 당신은 언제나 어떤 감정 톤을 갖게 되며, 그 같은 사실을 실험으로도 쉽게 보여줄 수 있다.

사람들이 감정에 대해 "불쾌하게" 생각하는 부분은 그것이 사고처럼 합리적인 기능이라는 점이다. 사고하는 모든 사람들은 감정이 절대로 합리적인 기능이 아니며 정반대로 대단히 비합리적인 기능이라고 강하게 믿고 있다.

잠시 인내심을 발휘하면서, 인간은 어떤 측면에서도 완벽할 수 없다는 점을 깨닫도록 하자. 만약 어떤 사람이 사고에서 완벽하다면, 그 사람은 감정에서는 절대로 완벽할 수 없다. 왜냐하면 어느 누구도 동시에 두 가지를 제대로 해 낼 수는 없기 때문이다.

사고와 감정은 서로를 방해한다. 따라서 감정에 좌우되지 않은 상태에서 진정으로 과학적으로나 철학적으로 냉철하게 사고하길 원한다면, 당신은 모든 감정 가치들로부터 벗어나야 한다. 당신은 사고하면서 동시에 감정 가치들을 다루지 못한다. 감정 가치까지 다룬다면, 당신은 의지의 자유에 대해 생각하는 것이 곤충인 이(louse)를 분류하는 일에 대해 생각하는 것보다 훨씬 더 중요하다는 것을 느끼기 시작할 것이다. 당신이 감정의 관점에서 접근한다면, 두 가지 대상은 사실이라는 측면에서도 다를 뿐만 아니라 가치의 측면에서도 분명히 다르다.

가치들은 지성을 위한 닻은 절대로 아니지만 세상에 분명히 존재하고 있으며, 가치를 부여하는 것은 중요한 심리적 기능이다. 만약 이 세상을 완전한 그림으로 담아내길 원한다면, 당신은 반드시 가치를 고려해야 한다. 가치를 고려하지 않으면, 당신은 곤경에 처할 것이다.

아주 많은 사람들에게 감정이 대단히 비합리적인 것으로 여겨지고 있다. 이유는 그들이 온갖 종류의 일들을 엉터리로 느끼고 있기 때문이다. 그래서 모든 사람들, 특히 이 나라(영국)에 사는 사람들은 자신의 감정을 통제할 수 있어야 한다고 확신하고 있다. 나는 이 같은 믿음이 훌륭한 관습이라는 점을 인정함과 동시에 그런 능력을 발휘할 줄 아는 영국인들을 전적으로 존경한다. 그럼에도 불구하고, 이 세상엔 감정이 존재하고 있으며, 나는 자신의 감정을 놀라울 만큼 잘 통제하면서도 그 감정 때문에 고통을 겪는 사람을 많이 보아 왔다.

■ 분석 심리학 강의

언제나
무의식인 것은 없다

"무의식"이라는 단어는 프로이트의 발명품이 아니다. 무의식은 독일 철학에서 꽤 오래 전부터 칸트와 라이프니츠를 비롯한 많은 사람들에 의해 알려져 있었다. 이들은 그 용어를 나름대로 정의했다.

무의식이라는 개념이 다양하다는 것을 나는 잘 알고 있다. 나 자신이 무의식에 대해 생각하고 있는 바를 겸손한 마음으로 밝히고자 한다. 그것은 라이프니츠와 칸트, 하르트만, 프로이트와 아들러를 포함한 많은 위대한 인간들의 업적을 깎아내리려는 뜻이 아니다. 단지 나의 관점을 드러내 보이고, 만약 누군가가 그 관점도 마찬가지로 합리적이라고 생각한다면, 그것이 내가 바라는 전부다. 어떤 사람이 무의식에 대해 대체로 어떻게 생각하는가 하는 문제는 나와 완전히 무관하다.

프로이트는 정신 과정을 정적인 것으로 보고 있는 반면에, 나는 역동성과 관계의 차원에서 말하고 있다. 나에겐 모든 것이 상대적이다. 명확히 무의식적인 것은 아무것도 없다. 무의식적인 것은 어떤 맥락에서 의식적인 정신에 보이지 않는 것일 뿐이다. 어떤 사물이 이 측면에서는 알려져 있는데 다른 측면에서는 알려져 있지 않은 이유에 대해선 당신은 매우 다른 생각을 품을 수 있다.

■ 분석 심리학 강의

모두가다잘적응하는
사회는무미건조하다

미국에서 범죄를 저지른 아이들을 교육시키는 시설의 관계자들과 대화한 적이 있다. 그 자리에서 나는 매우 인상적인 경험을 했다. 그들은 아이들을 두 부류로 나누고 있었다.

아이들 대부분은 훨씬 더 훌륭한 모습으로 변한 상태에서 시설을 떠났다. 그러나 다른 부류에 속하는 소수의 아이들은 정상적이고 착한 존재가 되려고 노력하면서 오히려 히스테릭한 모습을 더 강하게 보였다. 그 아이들은 사람들이 변화시킬 수 없는 타고난 범죄자였다. 그들은 잘못을 저지르고 있을 때가 정상인 그런 존재이다.

우리는 완벽하게 행동할 때 꽤 옳다고 느끼지 않는다. 우리는 약간의 잘못을 저지를 때 훨씬 더 좋은 기분을 느낀다. 우리가 완전하지 않기 때문에 나타나는 현상이다.

힌두교 신자들은 신전을 지을 때 한 쪽 귀퉁이를 미완성으로 남겨 둔다. 오직 신들만이 무엇인가를 완전하게 만들 수 있을 뿐, 인간은 절대로 완전한 것을 만들지 못한다는 뜻에서다. 자신

155

이 완전하지 않다는 것을 알 때가 훨씬 더 바람직하다. 기분도 훨씬 더 좋다.

착해지려 노력하다가 오히려 말썽을 부리게 되는 아이들도 마찬가지이고, 우리의 환자들 중 일부도 마찬가지이다. 그런 환자들을 속여서 자신의 운명에서 벗어나도록 하고 그들이 자신의 수준 그 너머까지 나아가도록 돕는 것은 잘못이다.

만약 어떤 사람이 내면에 적응할 수단을 갖고 있다면, 어떤 방법을 써서라도 그를 도와줘야 한다. 그러나 적응하지 않는 것이 진정으로 그 사람의 임무라면, 그가 적응하지 않도록 도와야 한다. 그에게는 그 길이 제대로 된 길이기 때문이다.

모든 사람이 잘 적응한다면, 세상은 어떤 모습일까? 견디기 어려울 만큼 지루할 것이다. 그릇된 길로 행동하는 사람들도 일부 있어야 한다. 그들은 정상적인 사람들을 위해 희생양처럼 행동한다. 탐정 소설과 신문에 얼마나 감사해야 하는지 한번 생각해 보라. 당신이 이렇게 말할 수 있으니 말이다. "범죄를 저지른이 친구가 내가 아니라는 사실이 얼마나 감사한지 몰라. 나는 완벽하게 순수한 존재거든."

　사악한 사람들이 당신을 대신해서 범죄를 저지르기 때문에, 당신은 만족감을 느낄 수 있다. 이것이 구원자로서 예수 그리스도가 두 사람의 도둑 사이에서 십자가형에 처해진 사실이 지니는 깊은 의미이다. 이 도둑들은 그들 나름대로 인류의 구원자이자 희생양이었다.

■ 분석 심리학 강의

완벽이 아니라
완전을 추구하라

4가지 심리적 기능을 똑같이 분화시키는 것이 인간에게 가능하다고 믿지 않는다. 그것이 가능하다면 우리는 신처럼 완벽해질 것이다. 그런 일은 분명 일어나지 않을 것이다. 수정(水晶)에도 결함은 있기 마련이니까.

인간은 절대로 완벽에 닿지 못한다. 게다가, 4가지 기능을 똑같이 분화시킬 수 있다면, 우리 인간은 그 기능들을 오직 의식적으로 처분 가능한 기능으로 만들어야 할 것이다. 그러면 우리는 열등한 기능을 통해 무의식과 연결되는 소중한 통로를 잃게 된다. 그런데 무의식과 연결되는 이 열등 기능은 반드시 가장 약한 기능이다.

우리는 오직 약함과 무능을 통해서만 무의식과, 저급한 본능의 세상과, 우리의 동료인 인간 존재들과 연결될 수 있다.

우리의 미덕들은 단지 우리가 독립할 수 있도록 해 줄 뿐이다. 거기서 우리는 아무도 필요로 하지 않으며, 거기선 우리가 왕이다. 그러나 열등한 곳에서 우리는 본능의 세계뿐만 아니라 인류

와도 연결된다. 모든 기능들을 완벽하게 유지하는 것은 이점이
될 수 없다. 왜냐하면 그런 상태는 완전한 초연, 완전한 무관심
을 의미할 것이기 때문이다. 나에겐 완벽에 대한 열광은 전혀 없
다. 나의 원칙은 이렇다. 완벽해지지 않되, 어떤 수단을 써서라
도 완전해지도록 노력하라.

■ 분석 심리학 강의

프로이트와 아들러, 융의
심리학은 다 다르다

프리드리히 니체의 '차라투스트라는 이렇게 말했다' 3부 중 '3
가지 악'이라는 장의 일부를 보자.

> "축복하라고 가르친 자는 또한 저주하는 것도 가르쳤다.
> 세상에서 가장 저주스런 세 가지는 무엇인가? 나는 이 3가
> 지를 저울에 달아볼 생각이다.
> 육욕과 권력욕, 이기심이다. 이 세 가지는 지금까지 저주
> 를 가장 많이 받아왔으며, 평판도 가장 나빴으며, 가장 많
> 이 왜곡되어 왔다. 나는 이 세 가지를 인간적으로 제대로
> 보고자 한다.
> 자, 여기엔 내가 서 있는 절벽이 있고 저기엔 바다가 있다.
> 저 바다가 알랑거리며 나를 향해 몰려온다. 내가 사랑하
> 는, 나이 많고 충직하고 백 개의 머리를 가진 개 괴물인 바
> 다가!
> 자! 여기서 나는 소용돌이치는 바다 위로 저울을 들고 있

으리라. 또 나는 저울질을 지켜볼 증인도 선택하리라. 그
대, 은둔자 나무를, 내가 사랑하는, 짙은 향기와 떡 벌어진
무성한 가지를 자랑하는 은둔자 나무를!"

생명과 지식, 지혜, 의식을 의미하는 나무 앞에 서서, 니체는
저주의 대상이 되고 있는 3가지 악, 즉 육욕과 권력욕, 이기심의
무게를 달고 있다. 여기서 우리는 니체가 정말로 현대를 미리 살
았던 인물이라는 사실과 그가 심리학자였다는 사실을 확인한
다. 우리 시대를 살았다면, 니체는 틀림없이 정신 분석가가 되었
을 것이다.
　그는 정말로 철학자보다 심리학자의 특성을 더 많이 보였다.
철학은 기본적으로 심리학이라는 것을 니체는 일찍이 깨달았
다. 앞의 인용문은 어느 개인의 심리가 한 진술이며, 그 이상의
다른 것을 의미하지 않는다. 니체의 이 말을 통해서 우리는 그가
현대의 심리학자라는 사실을 확인한다. 니체는 이 3가지 악을

통해 무엇을 예고하고 있는가?

프로이트와 아들러, 그리고 나다. 먼저 육욕, 즉 쾌락 원리는 프로이트를 예고하고 있다. 권력 욕구는 아들러를, 이기심은 나를 예고하고 있다. 여기에 해당하는 나의 사상은 개성화 과정이며, 그것은 이기심에 해당한다.

프로이트는 섹스로 압축될 것이고, 아들러는 권력으로 압축될 것이다. 이것들은 3가지 관점이며 순서도 맞아떨어진다. 프로이트가 가장 먼저 등장했고, 나와 나이가 비슷하지만 일찍 프로이트의 제자가 된 아들러가 그 다음이다. 아들러를 나는 빈을 처음 찾았을 때 프로이트 학회에서 보았다.

아들러는 이미 거기서 자리를 확고히 잡은 상태였으며, 나는 이제 막 도착한 입장이었다. 그러니 틀림없이 권력 욕구에 관한 이론이 쾌락 원리 다음에 나왔다. 나의 이론이 맨 마지막이다. 그런데 이 이론은 앞의 두 가지를 포함한다. 육욕과 권력욕이 이기심의 두 가지 양상에 지나지 않기 때문이다.

나는 프로이트와 아들러가 똑같은 것을 다른 방향에서 보고 있다는 점을 강조하는 자그마한 책을 한 권 썼다. 프로이트는 섹스의 관점에서 보고 아들러는 권력 욕구의 관점에서 보고 있는 것이다. 신경증 환자의 경우에 프로이트의 관점에서도 설명되고 아들러의 관점에서도 설명될 것이다. 다시 말하면, 신경증이 성취하지 못한 섹스 소망이나 좌절된 권력 의지로 설명될 수 있다는 뜻이다. 그렇기 때문에 니체의 이 문장들은 어느 면으로 보나 실제로 일어날 일들을 예고하고 있음에 분명하다.

니체는 정말로 탁월한 존재였다. "이 세 가지는 지금까지 저주를 가장 많이 받아왔으며, 평판도 가장 나빴으며, 가장 많이 왜곡되어 왔다"는 말도 진실이다. 그러나 왜곡되어 왔다는 부분은 약간 과장하는 측면이 있다. 그러나 이 세 가지가 악이라는 점에는 이의가 전혀 없다.

우리의 종교적 관점은 모든 악은 잘못이며 악은 바로잡아져야 한다는 쪽이다. 우리는 나쁜 것까지도 두 가지 측면을 갖는다는 점을 충분히 알지 못하고 있다. 이 악들 중에서 어떤 것도 절대적으로 나쁘다고 말하지 못한다. 만일 이 악들이 전적으로 나쁘고 또 당신이 도덕적으로 적절히 처신하기를 원한다면, 당신은 절대로 살아가지 못할 것이다.

육욕이 그런 것이라고 해서 그것을 막지는 못한다. 권력욕이 그런 것이라고 해서 그것을 막지는 못한다. 이기심도 마찬가지다. 만약에 육욕과 권력욕, 이기심을 막아버린다면, 당신은 그 즉시 죽게 될 것이다. 이기심이 없다면 절대로 존속할 수 없기 때문이다. 당신의 식량을 전부 가난한 사람들에게 주고 나면, 아무것도 남지 않을 테고, 그러면 당신은 아무것도 먹지 못해 죽고 말 것이다. 그러다 보면 가난한 사람들에게 음식을 나눠줄 사람이 하나도 남지 않게 될 것이다. 여기서 확인하듯, 이 악들도 나름의 기능을 갖고 있다.

그 3가지가 악이라는 판단은 누군가가 명확한 진리를 확립할 수 있고 또 이런저런 것은 명확히 나쁘다는 식으로 결론을 내릴 수 있다는 전제에서 나온다. 그러나 그런 결론을 내릴 수 있는 사람은 절대로 없다. 이유는 어떤 일이 선하고 나쁜 것이 누가 어떤 조건에서 그것을 하느냐에 좌우되기 때문이다.

　어느 조건에서나 나쁘다고 말할 수 있는 악은 절대로 없다. 조건이 늘 변하고 다를 수 있기 때문이다. 단지, 어떤 일이 이런저런 조건에서 일어나면 나쁠 가능성이 아주 크다는 식으로만 말할 수 있을 뿐이다. 당신은 어떤 일을 두고 이 정도까지만 판단할 수 있다.

■ 칼 융, 차라투스트라를 분석하다

지도자들은
한쪽 길로만 안내한다

사회적, 정치적, 종교적 지도자들은 모두 어느 한 쪽으로 치우치는 결정을 내리길 원하며, 따라서 사람들에게 일방적일 수밖에 없는 "진리"와 동일시할 것을 요구한다.

아무리 대단한 진리일지라도, 그것 한 가지와 동일시하는 것은 재앙이 될 수 밖에 없다. 그 일로 인해 정신적 발달이 거기서 멈춰 버리기 때문이다. 그렇게 되면 그 사람은 지식 대신에 믿음만 갖게 되는데, 간혹 보통 사람들에겐 믿음만 갖는 것이 훨씬 더 편하고, 훨씬 더 매력적인 것으로 다가온다.

■ 정신의 본질에 대하여

귀스타브 르 봉

평등은 뒤에 열등을
달고 다닌다

문명화된 민족 중에서 탁월한 사람들로 이뤄진 작은 집단은 그 민족이 가진 힘들을 진정으로 구현하고 있다. 과학과 예술, 산업, 한마디로 말해 문명의 모든 분야에서 이뤄지는 발전은 바로 이 엘리트 집단의 덕분이다.

역사는 인류의 모든 발전이 바로 이 엘리트 집단이 있어서 가능했다는 점을 보여주고 있다. 그러나 대중은 발전의 덕을 톡톡히 보면서도 자신들이 추월당하는 것을 달가워하지 않으며, 따라서 위대한 사상가들과 발명가들은 종종 대중의 희생자가 되곤 했다.

그럼에도, 한 민족의 모든 세대들과 모든 과거는 그 민족의 경이로운 꽃이나 다름없는 이들의 눈부신 천재성을 통해서 활짝 꽃을 피웠다. 그들이야말로 그 민족의 진정한 영광이며, 그 민족의 구성원들은 모두 그들을 자랑스럽게 여겨야 한다. …

만약 보편적 평등이라는 꿈에 지나치게 맹목적으로 집착한다면, 그 같은 태도의 첫 번째 희생자는 바로 우리 자신이 될 것이다. 평등은 뒤에 열등을 달고 다닌다. 평등은 지극히 평범한 사람들이 꾸는 압제적인 꿈일 뿐이다. 평등은 오직 야만의 시대에만 실현될 수 있다. 평등이 세상을 지배하는 위치에 서기 위해선, 한 민족을 가치 있게 만드는 모든 것을 점진적으로 그 민족 중에서 성취를 가장 적게 이룬 사람들의 수준으로 낮출 필요가 있다.

고령과 죽음과 더불어, 불평등은 자연에 넘쳐나는 악의 일부이며, 인간은 자연의 악에 굴복해야 한다.

■ 국민의 심리학

인간의 야만성은
본질적이다

문명의 진보가 인간의 지성을 발달시킴으로써 인간의 감정을 변화시킬 수 있을 것이라고 생각하는 것은 중대한 실수다. 그런 변화가 과거에도 전혀 일어나지 않았고 앞으로도 일어나지 않을 것이기 때문이다. 사회적 억제가 일부 민족에게 대대로 내려오는 야만성을 부분적으로 감추고 있지만, 그것은 단순히 위장일 뿐이다. 사회적 억제가 제거되는 순간, 틀림없이 야만성이 다시 나타날 것이다.

그 야만성은 무식한 사람들 사이만 아니라 교육을 잘 받은 계층에도 다시 나타난다. 성격과 지성이 서로 대단히 멀리 떨어져 있는 요소들이고, 교육이 감정에 미칠 수 있는 영향이 대단히 약하다는 점을 기억한다면, 야만성이 모든 계층에 다시 나타나는 이유는 쉽게 이해된다. 세계 대전(제1차 세계 대전) 당시에 독일 군대의 장교와 사병들은 서로 똑같은 수준으로 추락하면서 똑같이 야만적인 본성을 그대로 드러냈다.

역사 속에도 세련된 문화가 대단히 악랄한 잔인성을 보였던 때가 더러 있었다. 르네상스 때 보르자(Borgia) 가문이 지배하던 동안의 이탈리아 지배자들 사이에서, 그리고 시인이나 예술가, 학자였던 무굴 제국의 황제들 사이에서도 이런 사실을 보여주는 예들이 확인된다. 무굴 제국의 일부 황제들은 하늘의 별들을 분류하고 황도(黃道)의 경사도를 계산한 인물이었지만, 그럼에도 불구하고 그들은 참수한 포로들의 머리로 피라미드 모양의 탑을 쌓았다.

■ 전쟁의 심리학

혁명적 개혁이 아니라
일상의 사소한 개혁이 중요하다

규제가 아니라 개인들과 그들의 방법이 한 민족의 가치를 결정한다. 효과적인 개혁은 혁명적인 개혁이 아니라, 일상의 사소한 개선이 오랜 세월 동안 축적된 결과 나타나는 개혁이다. 중대한 사회적 변화는 중대한 지질학적 변화처럼 사소한 원인들이 매일 축적되어 일어나는 것이다.

다소 운에 좌우되는 것처럼 보이는 많은 중요한 사건들, 예를 들면 전투 같은 사건들은 작은 원인들의 축적이라는 이 법칙의 지배를 받는다. 분명히, 결정적인 싸움 자체는 하루 안에 종결되는 경우가 간혹 있다. 그러나 그 승리에는 서서히 축적된 수많은 작은 노력들이 결정적으로 중요하다.

프랑스 사람들은 1870년에 프로이센과의 전쟁에서 이런 진리를 뼈저리게 경험했다. 러시아 사람들도 1905년에 그 진리를 배웠다. 일본의 도고 헤이하치로 제독이 일본의 운명을 결정한 쓰시마 해전에서 러시아 함대를 궤멸시키는 데는 한 시간도 채 걸리지 않았지만, 그 승리에는 무수히 많은 작은 원인들이 작용했다. 마찬가지로, 그 못지않게 많은 작은 원인들이 러시아의 패배에 작용했다.

그런데 불행하게도, 축적되면 한 국민의 위대함으로 이어질 그 작은 발전들은 눈에 잘 띄지도 않고, 대중에게 전혀 아무런 인상을 남기지도 못하며, 선거 때 정치인들에게 이롭게 작용하지도 않는다. 정치인들은 그런 작은 것에는 전혀 신경을 쓰지 않는다. 그러면 국가의 조직을 해체시킬 수 있는 작은 실수들은 아무도 관심을 쏟지 않는 가운데 눈에 띄지 않게 축적되다가 결국엔 국가를 붕괴시키고 말 것이다.

■ 프랑스 혁명과 혁명의 심리학

평등이라는 민주적 이상과 반대로
개인들의 격차는 갈수록 벌어진다

민주적 평등화와 자연의 불평등을 조화시키는 일이 오늘날 가장 큰 문제 중 하나다. 우리는 민주주의가 바라는 것이 무엇인지 알고 있다. 그렇다면 자연은 그 요구에 어떤 식으로 대답하고 있는지를 보도록 하자.

그리스의 영웅시대부터 현대에 이르기까지 세계를 자주 뒤흔들어 놓았던 민주적 사상은 언제나 자연의 불평등과 충돌을 빚는다. 일부 관찰자들은 인간들 사이의 불평등이 교육 때문에 생겨났다고 믿었다.

사실, 자연은 평등 같은 것을 전혀 모른다. 자연은 천재성과 아름다움, 건강, 활력, 지능 등, 인간을 다른 인간 동료들보다 우월하게 만드는 모든 자질을 불공평하게 분배하고 있다.

어떤 이론도 이 차이를 바로잡지 못한다. 따라서 민주적인 원칙들은 유전의 법칙이 인간들의 능력을 모두 통일시키기로 결정할 때까지는 어디까지나 구호에 지나지 않는다.

그러면 자연이 거부한 평등을 사회가 인위적으로 확립할 수

174

있을까?

소수의 이론가들은 교육이 평준화를 이룰 것이라고 오랫동안 믿어왔다. 그러나 오랜 세월에 걸친 경험은 이 망상의 깊이가 대단히 깊다는 사실을 보여주었다.

그러나 의기양양한 사회주의가 모든 우수한 개인들을 적극적으로 제거함으로써 한 동안 평등을 실현하는 것은 불가능하지 않을 것이다. 그러나 다른 국가들이 가장 우수한 개인들의 능력에 힘입어 발전을 꾀하고 있는 상황에서 어떤 국민이 가장 우수한 개인들을 억압한다면, 그 국민이 어떻게 될 것인지는 누구나 쉽게 짐작할 수 있다.

자연은 평등을 모르는 것만 아니다. 자연은 생겨난 이후로 언제나 지속적인 분화를 통해서, 말하자면 불평등을 심화시키면서 진보를 이뤄왔다. 이 과정에 초기 지질학 시대의 불명확했던 세포가 고등한 존재로까지 발전했으며, 이 고등한 존재들의 발명들이 오늘날 지구 표면을 완전히 바꿔놓았다.

사회에서도 이와 똑같은 현상이 관찰된다. 민중계급 중에서 가장 우수한 개인들을 선택하는 민주주의 형식은 종국적으로 지적 귀족주의를 낳게 되어 있다. 이것은 사회의 탁월한 구성원들을 열등한 구성원들의 수준으로 떨어뜨리려는 순수한 이론가들의 꿈과 정반대의 결과이다.

현대의 진보의 조건은 평등 이론에 적대적인 자연의 법칙 편에 서고 있다. 과학과 산업은 지적 노력을 더욱더 요구하고 있다. 따라서 정신적 불평등과 거기서 비롯되는 사회적 처지의 차이가 더 두드러질 수밖에 없다. 그 결과, 다음과 같은 놀라운 현상이 관찰되고 있다. 법과 제도들이 개인들의 평준화를 추구하고 있는데도, 문명의 발전은 개인들 사이의 격차를 더욱 벌리는 경향을 보이고 있는 것이다.

농민에서부터 봉건 영주까지, 예전에 그들 사이의 지적 차이는 크지 않았다. 그러나 근로자에서부터 엔지니어까지, 오늘날 이들 사이의 지적 차이는 엄청나게 크며 날로 더 커지고 있다.

능력이 발전의 중요한 요인이기 때문에, 각 계급 중에서 유능한 사람들은 위로 올라가는 반면에 평범한 사람들은 정체하거나 몰락할 것이다. 이런 불가피한 결과 앞에서 법이 할 수 있는 일은 무엇일까?

■ 프랑스 혁명과 혁명의 심리학

정치 제도 자체는
아무런 의미가 없다

군주 정치와 민주 정치는 내용보다 형식에서 더 많이 다르다. 군주 정치와 민주 정치의 결과를 서로 다르게 만드는 것은 사람들의 사고방식이다. 다양한 통치 제도를 둘러싼 토론은 실제로 보면 아무런 의미가 없다. 통치 제도 자체에는 특별한 미덕이 전혀 없기 때문이다.

통치 제도의 가치는 언제나 통치를 받는 사람들의 가치에 좌우된다. 어느 민족이 국가의 순위를 결정하는 것이 통치 제도가 아니라 각 개인들의 개별적인 노력의 총합이라는 사실을 깨달을 때, 그 민족은 곧 위대한 발전을 이룰 것이다. …

진정으로 민주적인 국가를 꼽으라면 영국과 미국밖에 없다. 영국과 미국에서는 민주주의가 서로 다른 형태로 이뤄지고 있지만 똑같은 원칙들이 지켜지고 있다. 특히 모든 의견에 대한 관용이 완벽하게 지켜지고 있다. 영국과 미국에는 종교적 박해가 없다. 다양한 직업에서 진정한 우수성이 매우 쉽게 발휘된다. 직업에 필요한 능력만 갖추면 나이를 불문하고 누구든 거기에 들어갈 수 있다. 개인적인 노력에 어떤 장벽도 없는 것이다.

그런 나라에서는 사람들이 스스로 평등하다고 믿게 된다. 왜냐하면 모두가 노력하기만 하면 자유롭게 똑같은 위치에 올라설 수 있다는 생각을 품게 되기 때문이다. 근로자는 자신이 작은 팀의 책임자가 되고, 그 다음에는 엔지니어가 될 수 있다는 것을 잘 알고 있다. 그래서 엔지니어는 스스로에 대해 다른 인간들과 다른 재료로 만들어진 존재라고 생각하지 않는다. 모든 직업에서 다 똑같다. 유럽에서 그토록 치열한 계급간의 증오가 영국과 미국에서 극히 약한 이유는 바로 거기에 있다.

■ 프랑스 혁명과 혁명의 심리학

알프레드 아들러

또래 리더를 지나치게 따르는
아이에겐 용기가 필요하다

또래 집단의 리더를 지나치게 따르는 것은 아이의 실수다. 그런 아이의 전체 인격은 바로 그 실수 위에 형성되었다. 그래서 아이는 용기가 없고 다른 누군가가 자신의 행동에 책임을 져 주길 원한다.

그런 아이를 처벌하면 절대로 안 된다. 아이가 잘못한 것은 하나도 없다. 그런 아이는 용기를 가질 수 있어야 하고, 자신이 또래 집단의 도움 없이 스스로 모든 것을 성취할 수 있다는 확신을 품을 수 있어야 한다.

아이가 용기를 더 많이 갖도록 하고, 책임감을 더 많이 배양하도록 하는 것이 가장 중요하다. 아이의 삶의 패턴을 바꿔줌으로써 아이가 삶의 유익한 면을 보도록 해 줘야 한다는 뜻이다.

용기는 숟가락으로 약을 떠먹이듯 줄 수 있는 것이 아니다. 어른이 아이에게 가르쳐줘야 하는 것은 아이가 자신을 얕보지 않으면 더 행복해진다는 점이다. 그런 식으로 어른이 아이가 또래 집단의 명령에 저항할 수 있게 한다면, 그 즉시 아이는 용기의 이점을 깨달을 것이다.

전문가로서 나는 그런 아이에게 다른 아이에게 끌려 다니는 것은 실수라는 점을 보여주려고 노력한다. 아이의 자긍심을 높여주기만 하면, 용기는 저절로 생겨난다. 아이가 열등감을 느끼고 있는 한, 아이는 좀처럼 책임을 떠안지 않을 것이다.

책임감을 갖도록 훈련시키는 것이 곧 용감해지도록 훈련시키는 것이다.

■ 아들러는 아이들을 이렇게 치유했다

성격은
100% 습득이다

응석을 부리며 자라는 아이는 자신이 맘대로 할 수 있는 상황이
변하는 데 대해 정말 다양한 방식으로 저항한다. 상황에 변화가
일어나면, 응석받이 아이에게서 틀림없이 저항이나 반발이 관
찰된다. 비슷한 예들을 보면, 아이가 과거에 경험한 성공이 훗날
아이에게 모델 역할을 하는 것으로 확인된다.

응석받이로 큰 아이들은 응석을 받아주는 집단 밖에 있을 때
엔 끊임없이 위협을 느끼면서 마치 적국(敵國)에 와 있는 것처
럼 행동한다는 사실이 분명히 확인된다. 그런 아이들의 성격에
나타나는 다양한 특징들, 특히 자기애와 자기자랑은 아이 본인
이 추구하는 삶의 의미와 서로 통할 것임에 틀림없다.

이런 관점에서 볼 때, 이 모든 특징들은 타고나는 것이 아니라
습득되는 것이라는 사실이 드러난다. 소위 '성격학자'의 관점과
정반대로, 모든 성격적 특징들은 사회적 관계를 의미하며, 또 그
특징들이 아이가 창조하는 삶의 양식에서 비롯된다는 점을 이
해하는 것은 그리 어려운 일이 아니다. 말하자면, 용감하거나 도

덕적이거나 게으르거나 심술궂거나 견실한 성격적 특징들은 언제나 변하고 있는 외부 세계에 대한 적응 또는 부적응의 결과이며, 이 외부 세계가 없으면 그런 특성 자체가 존재하지 않게 될 것이라는 뜻이다.

■ 삶의 의미

중요한 것은 환경이 아니라
환경에 대한 해석이다

아이의 발달을 결정하는 것은 아이가 타고난 능력도 아니고 객관적인 환경도 아니며 아이가 외부 현실을 해석하는 방향이라는 사실은 아주 중요하다.

아이가 세상에 태어나면서 타고나는 잠재력이 가장 중요한 것도 아니다. 또 아이의 상황에 대한 어른의 판단도 그다지 중요하지 않다. 근본적으로 중요한 것은 어른이 아이가 처한 상황을 바로 그 아이의 눈으로 보면서 아이의 결함 있는 판단력으로 해석하는 것이다.

아이가 논리적으로 행동한다고 단정해서는 안 된다. 말하자면 어른의 상식에 따라 아이를 판단해서는 안 된다는 뜻이다. 아이들은 자신의 입장을 해석하면서 언제나 실수를 저지른다는 점을 인정해야 한다. 정말이지, 아이들이 실수를 저지르지 않는다면 아이들을 대상으로 한 교육 자체가 불필요할 것이다.

아이가 저지르는 실수가 타고나는 것이라면, 우리는 아이를 교육시키지도 못하고 향상시키지도 못할 것이다. 따라서 성격적 특징이 타고나는 것이라고 믿는 사람은 아이들을 교육시킬 수도 없고 아이들을 교육시켜서도 안 된다.

건강한 신체에서 건강한 정신이 발견된다는 말은 진리가 아니다. 육체적 장애에도 불구하고 용기로 삶을 직시할 때, 병든 신체에서도 건강한 정신이 발견된다. 한편, 어떤 아이가 육체적으로 건강하면서도 부적절한 일련의 환경 때문에 자신의 능력을 잘못 해석하게 된다면, 그 아이는 정신적으로 건강하지 않을 것이다.

어떤 임무를 완수하는 데 한 번 실패하고 나면, 아이들은 종종 자신은 무능하다고 믿어버린다. 아이들이 곤경에 특별히 민감하게 반응하면서 각 장애물을 자신의 능력 부족의 증거로 여기기 때문에 일어나는 현상이다.

■ 알프레드 아들러, 교육을 말하다

인간은 사물들을 보는
견해에 따라 스스로를 다듬어나간다

인간의 발달에서 근본적인 한 가지 사실은 정신이 어떤 목표를 역동적으로 추구하고 있다는 점이다. 아이는 아주 어릴 때부터 스스로 발달을 꾀하려고 끊임없이 노력한다.

이 노력은 무의식적으로 형성되어 언제나 아이의 내면에 있는 목표를, 말하자면 위대함과 완벽과 우월의 어떤 비전을 따르고 있다.

목표를 이루려는 이런 노력은 특별히 인간의 기능인 사고력과 상상력을 반영하면서 평생 그 사람의 모든 행동을 지배하게 된다. 이 노력은 심지어 그 사람의 생각까지 지배한다. 왜냐하면 사람들이 객관적으로 생각하는 것이 아니라 각자가 설정한 목표와 라이프스타일에 맞춰 생각하기 때문이다.

따라서 각 인간 존재 자체에 이미 인격의 통일성이 내재되어 있다고 볼 수 있다. 각 개인은 인격의 통일성을 보여줄 뿐만 아니라 그 통일성을 개인적으로 독특하게 이룬다는 사실까지 보여준다. 그래서 각 개인은 한 점의 그림이자 그 그림을 그린 화가다.

개인은 자신의 성격을 그려내는 화가다. 그러나 화가로서 개인은 실수를 전혀 저지르지 않는 존재가 절대로 아니다. 또 영혼과 육체를 완벽하게 이해하고 있는 사람도 아니다. 오히려 개인은 허약하고 실수를 곧잘 저지르는 불완전한 존재다.

인격 형성을 고려할 때 주의를 기울여야 할 중요한 결점이 한가지 있다. 바로 인격의 통일성이 객관적인 현실을 바탕으로 구축되지 않고 그 사람이 삶의 사실들을 받아들이는 주관적인 관점을 바탕으로 구축된다는 점이다.

어떤 생각, 즉 어떤 사실에 대한 견해는 절대로 사실 그 자체가 아니다. 인간들이 똑같은 사실들이 일어나고 있는 세상에 살면서도 서로 다른 모습으로 형성되는 이유가 바로 거기에 있다.

각 인간 존재는 사물들을 보는 견해에 따라 스스로를 다듬어나간다. 그런데 일부 견해는 더 건전하고, 일부 견해는 덜 건전하다. 어떤 사람의 정신을 치료할 때엔 그 사람의 발달에 반드시 영향을 미치게 되어 있는 개인적인 실수와 잘못을 꼭 고려해야 한다.

특히 어린 시절 초기에 일어난 그릇된 해석은 반드시 고려되어야 한다. 왜냐하면 그 그릇된 해석이 그 사람의 존재 양식을 지배하게 되기 때문이다.

■ 알프레드 아들러, 교육을 말하다

남녀관계는 사회적 감정과
연결되어 있다

개인들 사이의 결합은 일상의 급박한 요구 때문에도 필요하지만 우리의 성적(性的) 조직 때문에도 필요하다. 인간을 두 개의 성으로 구분한 것은 분리를 의미하는 것이 아니라 서로를 향한 영원한 충동을 의미한다.

다양한 민족들의 결혼의 원칙들은 사랑을 전체 집단을 묶는 하나의 공통된 끈으로 볼 때에만 이해가 가능해진다. 같은 가문의 구성원들 사이에는 결혼과 성관계가 금지된다. 이유는 친족 간에 결혼과 성관계를 허용할 경우에 가문의 소외를 낳을 수 있기 때문이다.

시(詩)와 종교, 신성한 계명은 근친상간을 반대하는 선에서 그치지 않고 아예 근절시키려 한다.

학자들은 가족 구성원들이 서로를 싫어하는 이유를 놓고 머리를 싸맸지만, 개인 심리학은 사회적 감정을 근거로 그 같은 현상을 아주 쉽게 이해한다. 어릴 때부터 각자의 내면에서 발달하면서, 소외를 낳을 모든 가능성들을 배제시키는 그 사회적 감정

말이다.

지금 우리는 근본적인 의미에서 말하는 사랑, 즉 남녀 관계는 언제나 사회적 감정과 연결되어 있으며 그 감정과 분리될 수 없다는 점을 이해할 수 있다. 두 사람의 관계로서의 사랑은 사회적 감정의 일부로서 자체의 법칙을 갖고 있으며 또 인간 사회를 보존하는 데 필요한 요소다.

사랑 없는 공동체는 상상이 불가능하다. 공동체를 긍정하는 사람은 당연히 사랑을 긍정하게 되어 있다. 공동체 감정을 가진 사람은 결혼, 즉 보다 높은 가치를 지니는 사랑의 형식을 선호해야 한다. 한편, 사회적 감정이 질식당하고 있거나 본성이 자유로운 발달을 누리지 못하고 있는 사람은 이상한 형태의 사랑의 관계를 보일 것이다.

여기서 우리는 사랑의 관계라는 넓은 영역을 한눈에 살피는 데 도움을 줄 결론을 몇 가지 끌어낼 수 있다. 사회적 발달이 훼손되었거나, 친구가 전혀 없거나, 인간의 진정한 동료가 되지 못하거나, 사회적 감정과 모순되는 세계관을 가졌거나, 직장 문제를 해결하지 못한 사람들, 다시 말해 공동체에 자신을 다소 바치지 않는 사람들은 사랑 관계에 어려움을 겪을 것이다. 그런 사람들은 성애의 문제를 풀 위치에 서지 못할 것이다. 그들은 이상한 길을 택하고, 문제를 일으키고, 실제로 문제를 발견하는 곳에서 그 문제를 자신을 보호할 평계로 이용할 것이다.

■ 여자와 남자가 모두 행복한 세상에 대하여

용기는
사회적인 기능이다

용기는 하나의 사회적인 기능이다. 자신을 전체의 일부로 고려할 줄 아는 사람만이 용기를 가질 수 있다. 낙천주의와 적극성, 용기, 동료애는 사회의 틀 안에서 아이에게 하는 교육에 크게 좌우된다.

개인의 발달은 그 개인의 사회적 감정이 충분히 클 때에만 보장될 수 있다. 만일 내가 다른 사람들의 행복에 관심을 갖는다면, 나는 개성을 키움과 동시에 나 자신을 다른 사람들에게 유익한 존재로 만들 수 있을 것이다. 오직 나 자신만을 생각한다면, 그런 나는 삶의 문제를 해결하는 데 완전히 부적절한 존재로 전락하고 말 것이다.

모든 문제의 해결에는 잘 발달한 사회적 감정이 필요하다. 아이의 사회적 감정은 아이가 동생이 출생할 때 보이는 반응에서 이미 드러난다.

유치원 선생의 임무는 사회적인 임무다. 학교와 우정, 사랑, 결혼, 정치적 입장, 예술적 성취는 모두 사회적 과제다. 개인 심리학자에게 예술과 과학은 사회에 유익한 성취를 의미한다. 만일 어떤 사람이 사회적 감정을 전혀 갖고 있지 않다면, 그 사람은 자신이 택해야 할 경로를 모르게 된다. 이것이 우리가 아이들의 사회적 감정을 발달시켜야 하는 이유이다.

■ 문제아를 어떻게 이끌 것인가

아이의 운명의 반은
어머니에게 달려 있다

아이에겐 어머니와의 관계가 최초의 사회적 훈련이다. 아이와 어머니 사이에 형성되는 사회적 관계에서 모든 가능성과 소질이 개발된다. 이 관계에서 아이의 "나"가 다른 사람인 "당신"을 처음 경험한다. 따라서 이 같은 사실이 어머니에겐 막중한 과제를 안기게 된다. 아이가 사회생활의 요구에 제대로 부응할 수 있도록 아이의 발달을 이끄는 것이 바로 그 과제이다.

이 틀이 확립되기만 하면, 유아는 어머니와 비교하면서 보고 듣고 말할 것이다. 이것이 어머니의 최초의 역할이다. 어머니들은 사회적 감정이 솟아나는 샘에 있다. 어머니들은 이 샘을 신성하게 지켜야 한다. 거기서 일어나는 것은 무엇이든 오랜 시간을 두고 지속적으로 발달하게 되어 있으며 최종적으로 하나의 자동적인 정신적 메커니즘으로 자리 잡게 된다. 결과적으로, 이 샘이 아이의 삶의 형식을 결정짓게 된다.

아주 중요한 사회적 기능인 언어의 발달을 고려한다면, 공동체가 어디서 어떤 식으로 그 힘을 발휘하는지 쉽게 이해될 것이다. 아이는 공동체 속에서 이렇게 생각할 것이다. "모두가 다른 사람들이 이해할 수 있도록 말을 하고 있네. 그렇다면 나도 당연히 그런 식으로 말을 해야겠지."

첫 번째 역할을 제대로 수행하지 못하는 어머니들이 두 번째 역할, 즉 아이의 사회적 감정이 다른 사람들에게로 확장하도록 하는 역할에서도 실패하는 경우가 종종 있다.

다른 사람들에게 제대로 처신하는 방법을 배우지 못한 아이들이 더러 보인다. 아마 개인 심리학자들이 가장 중요하게 여겨야 할 것이 바로 이 점일 것이다. 아이가 다른 사람들에게 관심을 갖지 않는 현실을 심각하게 받아들여야 한다는 뜻이다.

■ 문제아를 어떻게 이끌 것인가

마리아 몬테소리

인간이 세상에
존재하는 이유

인간이 이 세상에 존재하는 것은 아름다운 것을 즐기기 위해서가 아니다. 이 세상을 보다 나은 곳으로 만들기 위해서다. 인간이 지능을 갖게 된 것은 그것을 갖고 이 세상을 자신이 태어났을 때보다 더 아름다운 곳으로 가꾸라는 뜻이다.

인간은 창조의 계승자처럼 보인다. 인간은 마치 창조를 보다 완벽하게 다듬는 일에 지능을 이용하도록 하기 위해 세상에 보내진 것처럼 보인다. 지능이야말로 인간에게 주어진 위대한 선물이 아닐 수 없다.

오늘날 인간에겐 생명을 통제할 수 있는 영역으로 들어가는 것까지 허용되었다. 지금까지 인간은 그저 생명을 따랐을 뿐이었는데 말이다. 그러던 것이 지금은 생명을 통제할 수 있게 된 것이다.

따라서 발생학 분야의 연구는 더 이상 추상적이고 결실이 없는 연구가 아니다. 발생학은 인간이 생명의 어떤 비밀 속으로 침투하도록 하고, 그 비밀을 이용해 앞으로 도래할 존재를 통제할 수 있게 하는 연구다.

　지금 상상력을 확장하면서 정신의 발달도 이와 비슷한 과정을 따르고 있다고 생각한다면, 육체의 발달의 비밀을 꿰뚫은 인간이 정신의 발달까지 통제하고 도울 수 있을 것이라고 기대하는 것이 합당하다.

■ 흡수하는 정신

아이에게 우주를 아우르는
비전을 제시하라

아이에게 많은 것을 줄 필요가 있으니, 아이에게 전체 우주를 아우를 비전을 전하도록 하자. 우주는 너무나 분명한 하나의 현실이며, 모든 질문들에 대한 대답이다. 우리 인간은 생명의 길을 다 함께 걷고 있다. 이유는 모든 것이 우주의 일부이며 서로 연결되어 하나의 완전한 통일체를 형성하고 있기 때문이다.

이 같은 사상은 아이의 정신이 중심을 잡으면서, 뚜렷한 목적 없이 지식을 추구하며 떠도는 것을 멈추도록 한다. 그러면 아이는 만물을 다 가진 자신이 우주의 중심이란 사실을 발견하면서 만족해한다. …

우주의 개념을 아이에게 제대로 제시하기만 하면, 그 개념은 아이에게 관심을 불러일으키는 그 이상의 역할을 할 것이다. 그것이 아이의 내면에서 경탄과 경이를, 그러니까 어떤 관심보다 더 숭고하고 더 만족스런 감정을 창조할 것이기 때문이다. 그러면 아이의 정신은 더 이상 방황하지 않고 중심을 잡으면서 작동할 수 있게 된다.

이제 아이가 습득하는 지식은 체계적으로 조직된다. 아이의 지능은 아이에게 제시된 전체라는 비전 때문에 통합적이고 완전해지며, 아이의 관심은 모든 것들 쪽으로 퍼져나가게 된다. 이유는 모든 것이 서로 연결되어 있고 우주 안에서 각자의 자리를 갖고 있는데, 그 우주 안에서 아이의 정신이 중심을 차지하고 있기 때문이다.

별들과 지구, 돌들, 한마디로 말해 모든 종류의 생명이 서로 연결되면서 하나의 전체를 형성하고 있으며, 이 연결이 너무나 밀접하기 때문에 우리는 거대한 태양에 대해 어느 정도 알지 못하는 상태에서는 돌 하나도 제대로 이해하지 못하게 된다. 우리가 건드리고 있는 것이 무엇이든, 그것이 하나의 원자든 아니면 세포든, 우리는 넓은 우주에 대한 지식 없이는 그것에 대해 설명하지 못한다.

지식을 끊임없이 추구하고 있는 아이들에게 우리가 해 줄 수 있는 대답으로 그것보다 더 훌륭한 것이 있을까? 우주조차도 충분할 것인지 의심스러워진다. 우주는 어떻게 해서 존재하게 되었으며, 우주는 어떤 식으로 종말을 맞을 것인가? 엄청난 호기심이 일어난다. 결코 충족될 수 없는 호기심이다. 그래서 아이의 호기심은 일생 동안 이어질 것이다.

우주를 지배하고 있는 법칙들은 아이에게 흥미롭고 경이롭게 다가올 수 있으며, 사물들 자체보다 더 흥미로울 수 있다. 그래서 아이는 질문을 던지기 시작한다. "나는 누구인가? 이 경이로운 우주 안에서 인간의 임무는 무엇인가? 이곳에서 우리 인간은 자신을 위해서 사는가, 아니면 우리가 해야 할 더 큰 무엇이 있는가? 우리는 왜 서로 싸우는가? 선은 무엇이고 악은 무엇인가? 이 모든 것은 어디서 끝나는가?"

■ 잠재력을 깨우는 교육

인간에게 감사하는
마음부터 가르쳐라

빵과 옷을 포함한 무수한 발명품으로 우리에게 너무나 많은 것을 베풀었고 또 지금도 베풀고 있는 인간 존재들에 대한 사랑이 우리 인간의 가슴에는 전혀 없다. 우리는 신에게 감사와 사랑을 표하지 않는 무신론자들처럼 우리를 위해 행해진 모든 것을 전혀 감사하는 마음 없이 받고 즐긴다.

우리는 아이에게 신에게 감사하고 신에게 기도를 올리라고 가르치지만 창조에서 신의 최고 대리자인 인간에게 감사하라고 가르치지는 않는다. 우리는 우리가 보다 풍요롭게 살 수 있도록 매일 자신의 삶을 헌신하고 있는 남자들과 여자들에 대해 전혀 아무런 배려를 하지 않는다.

만약에 많은 주제들이 처음에 어떤 식으로 연구하게 되었는지, 그것들을 연구하는 사람들이 누구인지를 알려준다면, 아이는 모든 주제에서 더 큰 기쁨을 누릴 것이고, 그것들을 더 쉽게 배울 것이다. …

교육에서 아이들이 명예의 빛에 가려져 있는 남자들과 여자들의 집단으로 관심을 돌리도록 해서 인류에 대한 사랑에 불을 붙이도록 하자. 오늘날 형제애로 설교되고 있는 막연한 감정도 중요하지 않고, 노동자 계급이 보상받고 향상되어야 한다는 정치적 감정도 중요하지 않다. 최우선적으로 필요한 것은 인류에게 자비로운 태도를 취하는 것이 아니라 인류의 존엄과 가치를 경건한 마음으로 자각하는 것이다.

이 자각은 우리 모두에게 있어야 하는 종교적 감정과 똑같은 방식으로 가꿔져야 한다. 어떤 인간도 이웃에 무관심한 상황에서는 절대로 신을 사랑하지 못한다는 점을 굳이 강조할 필요는 없을 것 같다.

■ 잠재력을 깨우는 교육

아이들이
간과되고 있다

모든 사회 문제는 어른들과 그들의 필요라는 관점에서만, 즉 주택과 실업, 임금, 참정권 같은 것들을 기준으로 해서만 고려되고 있다. 그런 것들보다 훨씬 더 중요한 것이 아이의 필요다. 아이에게 지금까지 개발되지 않은 채 남아 있는 힘들이 너무나 많으니 말이다.

아이에게 의식주를 보장해주는 것으로는 절대로 충분하지 않다. 아이의 정신적 욕구를 충족시키는 데 인류의 발전이 걸려 있기 때문이다. 보다 강하고 훌륭한 인류를 창조하는 과제 말이다.

교양을 갖춘 인간의 잠재력이 모든 사회 문제들을 해결하는 바탕이 되어야 하지만, 어른은 절대로 개혁되지 않는다. 어른을 대상으로 한 실험은 거듭 실패하고 있으니까!

어른은 새로운 인간의 가능성을 끌어내기 위해 어떤 주형틀 안에 집어넣기에는 대단히 거북한 존재다.

우리는 약간의 사회적 자비를 근거로 높은 수준의 인류애에 도달했다는 식으로 스스로를 기만해서는 안 된다. 그러나 그런 형편없는 사회적 자비마저도 어른들에게만 베풀어지고 있다. 일부 어른들에게는 음식이 주어지고, 또 다른 어른들에게는 실업 수당이 주어지고, 또 다른 어른들에게는 자유로운 발표의 특권이 주어진다.

그럼에도 이런 만능치료약들 중 그 어떤 것도 사회적 질병을 크게 치료하지 못한다.

■ 잠재력을 깨우는 교육

아이에게 열등 콤플렉스부터
안기지 마라

생후 1년 반 정도 되는 아이에게서 눈에 두드러지게 나타나는 중요한 요소는 손과 발의 힘이다. 따라서 무엇이든 하려 드는 아이의 충동은 최고의 노력을 끌어내게 되어 있다.

지금까지 몸의 균형 상태와 손의 이용은 따로 발달해 왔지만, 이제부터 두 가지는 서로 접촉하게 된다. 그래서 아이는 짐을 들고 걷기를 좋아하고, 종종 덩치에 비해 지나치게 큰 것을 들려고 한다. 잡는 것을 배운 손은 무거운 것을 옮김으로써 운동을 해야 한다. 그래서 이 나이의 아이는 균형 상태와 걷기를 서서히 조정하면서 커다란 물병을 들기도 한다. 중력의 법칙에 맞서려는 경향도 보인다. 걷기만으로 만족하지 못하고 무엇인가를 붙잡고 자기 자신을 끌어올림으로써 위로 올라가야 하는 것이다.

이어서 모방의 시기가 따른다. 그때 자유롭게 움직이는 아이는 주변의 어른들이 하는 행동을 그대로 따라 하길 좋아한다.

그렇다면 자연적인 발달의 논리가 보인다. 먼저, 아이는 자신의 도구인 손과 발을 준비시키고, 이어서 연습을 통해 힘을 얻고, 그 다음에는 다른 사람들이 하는 것을 보고 모방하면서 삶과 자유를 위해 스스로를 준비시킨다.

이런 활동이 일어나는 시기에, 아이는 먼 거리를 걷는 위대한 여행가가 된다. 그런데도 어른들은 아이를 안고 다니거나 보행기에 태우려 한다. 그래서 가엾은 아이는 상상 속에서만 걸을 수 있을 뿐이다.

아이가 걸을 기회를 누리지 못하고 있다. 어른들이 안고 다니기 때문이다. 아이가 일을 하지 못하고 있다. 어른들이 아이를 대신해서 해 주기 때문이다. 그리하여 우리 어른들은 삶의 시작부터 아이에게 열등 콤플렉스를 안겨주고 있다.

■ 새로운 세상을 위한 교육

삶은
행동이다

삶은 활동이다. 삶의 완성을 추구하는 것은 오직 활동을 통해서만 가능하다. 오늘날의 사회적 동경 중 일부, 예를 들면, 일하는 시간을 더 줄이고 다른 사람들이 우리를 대신해서 일을 하도록 하겠다는 이상(理想) 같은 것은 삶을 기피하면서 쇠퇴하고 있는 아이의 타고난 특징에 해당한다.

교육의 특별한 문제 하나는 이처럼 퇴보하는 아이들을 어떻게 도울 것이며, 정상적인 발달로부터의 일탈을 야기하거나 발달을 지연시키는 퇴화를 어떻게 치료할 것인가 하는 것이다. 그런 아이는 환경에 전혀 사랑을 느끼지 않고 있고 환경을 정복하는 데 장애가 되는 것을 너무나 어려운 것으로 느끼고 있기 때문에, 가장 시급한 것은 장애물을 줄여서 환경이 아이에게 매력적으로 다가오도록 만드는 것이다.

그런 다음에 아이에게 즐거운 활동을, 그러니까 재미있는 일을 주면서 아이가 추가로 실험들을 수행하도록 초대해야 한다. 그러면 아이는 점진적으로 게으르게 빈둥거리려는 욕망을 버리

211

고 싶다는 마음을 일으키면서 일에 관심을 보일 것이다. 말하자면, 게으름이 활발한 활동으로, 누군가에게 매달리면서 떨어지길 거부하는 놀람의 상태가 즐겁기만 한 자유와 삶의 정복으로 바뀌는 현상이 나타나게 된다는 뜻이다.

■ 새로운 세상을 위한 교육

과감하게
아이를 이용하라

인간 종을 연구하면서 인간과 다른 동물 유형들을 비교하다 보면 인간과 다른 동물들 사이에 몇 가지 차이가 발견된다.

가장 중요한 차이는 인간에겐 특별한 종류의 움직임 또는 특별한 종류의 주거가 할당되지 않았다는 점이다. 모든 동물들 중에서 인간이 적도나 극지, 사막이나 정글을 가리지 않고 어떤 기후에든 잘 적응할 수 있다. 또 인간만이 마음대로 어디든 자유롭게 갈 수 있다. 인간은 또 대단히 다양한 운동을 할 수 있으며, 어떤 동물도 하지 못하는 것을 손으로 할 수 있다.

인간의 행동에는 전혀 아무런 제약이 없는 것처럼 보인다. 인간은 자유롭다. 인간은 더없이 다양한 언어를 갖고 있다. 운동도 마찬가지로 대단히 다양하다. 걷고, 달리고, 뛰고, 길 수 있는 것이다. 인간은 무용 같은 활동에서 인위적인 움직임도 할 수 있으며 물고기처럼 수영도 할 수 있다.

그러나 아이가 출생할 때에는 아이의 안에 이런 능력이 전혀 들어 있지 않다. 각각의 능력은 인간 존재, 즉 아이에 의해서 어린 시절 초기에 정복되어야 한다.

움직이는 능력을 전혀 갖지 않은 채, 거의 마비된 것이나 마찬가지인 상태로 태어난 아이는 연습을 통해서 다른 동물들처럼 걷고, 달리고, 오르는 것을 배울 수 있지만, 그것은 어디까지나 아이 본인의 노력에 의해 성취되어야 한다.

아이는 다른 동물들의 능력보다 훨씬 더 다양한 능력을 습득할 뿐만 아니라 자신이 건설해 나가는 존재 자체를 자신이 살아야 하는 기후와 다양한 조건에 맞게, 또 점점 더 복잡해지는 문명의 요구에 맞게 적응시켜야 한다. 만약 인간들의 행동이 동물들처럼 고착되어 있다면, 그건 인간에게 너무나 불리한 조건일 것이다. 그런 경우에 인간은 세대마다 변하고 있는 새로운 조건에 제대로 적응하지 못할 것이다.

적응이라는 과제는 자연에 의해서 오직 어린 시절에만 성취할 수 있는 것으로 정해진 것 같다. 어른의 경우에 적응성이 극히 떨어지니 말이다.

어른은 온갖 단점이 있어도 자신이 태어난 땅을 세상에서 가장 적절한 곳으로 여기며 살며, 모국어에 비해 말도 안 될 정도로 쉬운 외국어의 발음도 절대로 완벽하게 통달하지 못한다. 이 어른도 어린 시절에 그 외국어를 쓰는 지역에 살았다면 당연히 별 어려움 없이 배웠을 것이다.

어른들은 어떤 환경을 만나면 감탄하면서 기억하지만, 아이는 환경을 무의식적으로 흡수하고 그것을 갖고 자신의 정신을 형성한다. 그리하여 아이는 자신이 보고 들은 것을 언어로 자신의 내면에 구체화한다. 그래서 아이의 내면이 진정으로 변화하게 된다. 이런 종류의 기억을 심리학자들은 므네메(Mneme)[10]라고 부른다.

만약 한 나라의 습관이나 관습을 변화시키길 원한다면, 혹은 국민의 특성을 보다 활발하게 촉진시키길 원한다면, 우리는 아이를 도구로 삼아야 한다. 왜냐하면 이 방향으로 어른을 상대로

....
10 개인 또는 민족의 과거 경험이 오랫동안 지속적으로 이어지는 효과를 말한다.

해봐야 거둘 수 있는 것이 거의 없기 때문이다. 한 세대 또는 국민을 변화시키기 위해서, 그들에게 좋은 쪽으로나 나쁜 쪽으로 영향을 끼치기 위해서, 종교를 일깨우거나 문화를 강화하기 위해서, 우리는 전능한 아이에게로 눈을 돌려야 한다. 이 가르침이 진리라는 점은 아이들에게 영향을 끼침으로써 전체 국민의 성격을 변화시킨 나치와 파시스트들에 의해 확인되었다.

■ 새로운 세상을 위한 교육

이세상은행복을
추구하는곳이아니다

1930년에 미국 필라델피아에서 기존의 이론을 완전히 뒤엎는 생물학적 발견이 있었다. 뇌의 시각 중추가 시신경보다 앞에, 그리고 눈보다 한참 앞에 형성된다는 것이 확인된 것이다. 결론은 동물들의 경우에 정신적인 형태가 육체적인 형태보다 앞서 형성된다는 것이었다. 그렇다면 각 동물의 본능들과 타고난 습관들은 그 습관들을 표현할 육체적 부위들이 형성되기 전에 미리 고정된다는 뜻이다.

만약 이 정신적 부분이 미리 존재한다면, 그것은 곧 육체적인 부분이 정신의 요구, 즉 본능들의 요구에 따라 스스로를 다듬어나가면서 스스로 건설을 마무리한다는 것을 의미한다. 또 종(種)을 불문하고 모든 동물들의 신체기관과 사지(四肢)는 이 본능들을 최대한 적절히 표현하게 되어 있다는 뜻이다.

행동주의로 알려진 이 새로운 이론은 동물들이 환경에 적응하기 위해서 습관을 들인다는 이전의 믿음과 정면으로 배치된다. 지금까지는 성체의 의지가 생존 투쟁을 벌이는 과정에 필요에 따라 신체의 구조에 변화를 촉발시키는 것으로, 또 세대를 내려가면서 점진적으로 변화함으로써 완벽한 적응이 성취되는 것으로 여겨져 왔다.

새로운 이론은 이 모든 것을 전부 부정하지는 않지만, 동물의 본능적인 습관 또는 행동을 모든 것의 중심에 놓고 있다. 동물은 자신의 행동의 범위 안에서 이런 본능적인 습관이나 행동을 최대한 발휘할 수 있을 때에만 적응을 제대로 성취할 수 있게 된다는 뜻이다.

힘이 대단히 세고 체격이 튼튼한 소들에서 멋진 예를 확인할 수 있다.

지구의 지질학적 역사 속에서 소의 진화를 더듬는 것이 가능하다. 소는 지구에 이미 식물이 풍부할 때 모습을 드러냈다. 그래서 이 동물이 왜 하필이면 풀만 먹는 쪽을 택했는지, 그 이유를 물을 수 있다. 풀이 지구상에서 발견되는 먹이 중에서 소화시키기가 가장 힘든 축에 드니까. 오죽 힘든 일이면 소가 위를 4개나 갖고 있겠는가.

만약 그 문제가 오직 생존의 문제에서 그친다면, 지구 위에 풍부한 것들 중에서 풀이 아닌 다른 것을 먹는 것이 훨씬 더 간단할 수 있다. 그 이후로도 수백 만 년의 세월이 흘렀지만, 소들은 여전히 자연적인 조건에서 풀만 뜯고 있다.

면밀히 관찰하면, 소가 풀을 뿌리 가까운 부분을 자르지만 식물을 뿌리째 뽑아버리는 일은 절대로 없다는 것이 목격된다. 그것을 보고 있으면, 소들이 땅 속에 있는 풀의 줄기가 성장하도록 하려면 뿌리 가까운 곳을 잘라 줘야 한다는 사실을 잘 알고 있는 것 같다. 그렇게 하지 않으면 풀은 곧 결실의 단계에 이르러 죽고 말 것이다.

게다가, 풀은 다른 식물의 생명을 지키는 데 대단히 중요한 것으로 확인된다. 이유는 풀이 모래와 흙의 느슨한 알갱이들을 서로 단단히 묶어주기 때문이다. 풀이 그런 역할을 하지 않으면, 모래와 흙은 바람에 날려 흩어지고 말 것이다.

풀은 땅을 안정적으로 유지시켜 줄 뿐만 아니라 땅을 기름지게 하기도 한다. 땅이 다른 식물들을 성장시킬 수 있도록 준비시키는 것이다. 그렇듯, 자연의 질서 속에서 풀의 중요성은 엄청나다. 그러나 풀을 보존하기 위해선 자르는 것 외에 두 가지가 더 필요하다. 하나는 거름이고, 다른 하나는 무거운 무게로 눌러주는 일이다.

어떤 농기계가 이 3가지 과제를 소보다 더 잘 수행할 수 있을까? 이 경이로운 기계는 풀의 성장을 돕고 땅을 보호하는 외에 우유까지 공급한다. 그렇다면 소의 행동은 자연의 목적을 위해 설계된 것처럼 보인다. 까마귀와 독수리의 행동이 지구 청소 분야에서 효과적으로 봉사하도록 설계된 것과 똑같다.

이 예들은 동물들의 먹이 선택을 보여주고 있다. 이런 수많은 예들에서 끌어낼 수 있는 결론은 동물들은 단순히 자신을 만족시키기 위해서 먹는 것이 아니라 자신들에게 미리 정해진 어떤 임무를, 행동을 통해 창조의 조화에 이바지하는 쪽으로 성취하고 있다는 것이다. 이 창조의 조화는 생물과 무생물을 가리지 않고 모든 존재들의 협력에 의해서 성취된다.

다른 생명체들 중에는 도저히 생명을 보존하기 위해서 먹는다고 말할 수 없을 정도로 너무나 특이하게 먹는 생명체도 있다. 이 생명체들은 살아가기 위해서 먹는 것이 아니라 먹기 위해 살고 있다고 할 수 있다. 한 예가 바로 지렁이다. 지렁이는 자신의 몸 크기의 200배나 되는 양의 흙을 매일 먹어 치운다. 지렁이가 없으면 땅의 생산성은 훨씬 더 낮을 것이라고 처음 말한 사람이 바로 찰스 다윈이었다.

꽃을 수분시키는 꿀벌들의 작업도 또 하나의 익숙한 예다. 이 행동주의에서, 동물들이 단순히 자신의 존재를 지속시키기 위해서가 아니라 다른 유형의 생명을 위해서 스스로를 희생시키는 것이 보이기 시작한다.

마찬가지로, 바다에서도 여과 장치 역할을 하는 단세포 생명체들이 발견된다. 이 생물들은 바닷물에서 독성 있는 소금 성분을 제거한다. 그것들은 이 역할을 추구하면서 자신의 몸에 비하면 상상도 되지 않을 만큼 많은 양의 물을 마신다. 인간으로 치면 평생 1초마다 1갤런을 마시는 양이다. 그 동물들이 지구와의 관계 속에서 추구하고 있는 목적은 그 동물의 의식에는 절대로 떠오르지 않는다. 그럼에도 보다 높은 형태의 생명과 지구의 표면, 공기와 물의 정화는 그런 동물들의 임무에 의지하고 있다.

이 모든 것은 미리 정해진 어떤 계획 같은 것이 있다는 점을 분명히 보여주고 있다. 신체 장기들은 이 계획의 성취를 위해 형성되고, 생명의 목표는 모든 것을 조화롭게 이끌면서 보다 나은 세상을 창조하는 그 신비한 명령에 복종하는 것이다. 그렇다면 이 세상은 우리가 즐기도록 하기 위해 창조된 것이 아니며, 우리는 우주를 발전시키기 위해서 창조되었다고 할 수 있다.

■ 새로운 세상을 위한 교육

아이의 성장은
새로운 출생의 연속이다

아이들을 태어나서부터 대학교에 다닐 때까지 지속적으로 추적한 현대의 심리학자들에 따르면, 아이들이 정신적으로 발달하는 과정에 뚜렷이 구분되는 시기들이 있다. 이 시기는 정말 신기하게도 육체적 발달의 다양한 단계와 일치한다.

시기마다 일어나는 변화가 너무나 크기 때문에, 어떤 심리학자들은 그 변화들을 강조하기 위해 다소 과장하면서 "성장은 출생의 연속이다."라고 표현했다.

삶의 어느 시기에 이르면, 마치 한 정신적 개인이 거기서 존재를 중단하고 그와 다른 정신적 개인이 태어나는 것처럼 보인다. 이 시기들 중 첫 번째는 출생 때부터 6년까지이며, 이 기간에도 물론 차이는 두드러지게 나타나지만 정신의 유형은 똑같다.

이 기간도 두 개의 시기로 나눌 수 있다. 출생 때부터 3년까지, 3년부터 6년까지로 구분된다. 전자의 시기에 아이의 정신은 성인이 접근하지 못하는 그런 심리를 보여주는데, 이때엔 어른은 아이의 정신에 아무런 영향을 미치지 못한다.

그 다음이 3세에서 6세까지이며, 이 시기엔 아이의 정신적 실체에 접근하는 것이 가능해지기 시작하지만 그 접근도 어디까지나 특별한 방법을 통해서만 가능하다. 이 시기는 개인의 내면에 중대한 변화가 일어나는 것이 특징이다. 그렇기 때문에 6세가 되면 아이는 대체로 학교에 입학할 정도로 충분히 지적인 존재로 여겨진다.

6세에서 12세까지의 시기는 성장의 시기이지만 변형은 전혀 일어나지 않는다. 이 시기는 차분함과 양순함이 정상적인 특징이다. 12세에서 18세까지 세 번째 시기는 다시 정신적으로나 육체적으로 변형의 시기이다.

모든 국가의 공교육은 이런 시기들의 실체에 대해 무의식적으로 인정하고 있다. 아이들이 6세에 초등학교에 입학하고, 새로운 정신적 단계가 시작되는 12세에 상급 학교로 옮겨간다. 이세 번째 시기 동안에, 성격은 안정되지 못한다. 종종 무례한 행동과 반항 같은 것이 나타나지만, 일반 학교는 강의 계획을 따르고 반항아들을 처벌하면서 이런 반발을 무시하며 제 갈길을 가고 있다.

18세가 되면 공부의 강도가 엄청나게 세지는 대학이 나타나지만, 학생들을 가르치는 방법에는 근본적인 차이가 거의 없다. 학생은 여전히 학위를 따기 위해 앉아서 들어야 하며, 학위는 종종 쓰임새가 의문스런 것으로 드러난다. 육체적 성숙이 이뤄졌지만, 가만히 앉아서 들으며 공부하는 여러 해의 기간은 의지와 판단력을 갖춘 인간을 형성하지 못한다. 그래서 뉴욕에서도 젊은 지식인들이 "일자리를 달라! 이러다 굶어죽겠다!"고 쓴 손팻말을 들고 시위를 벌이기에 이르렀다.

많은 사상가들은 새로 태어난 아이의 무력함에 대해 깊이 생각하면서 너무나 높은 지능을 물려받은 존재인 인간이 어떤 동물도 겪지 않는 유아 상태를 그렇게 오랫동안 겪어야 하는 이유에 대해 궁금해 했다. 많은 사상가들은 유아기에 무슨 일이 벌어지는지 질문을 던졌다. 유아기에 벌어지는 일은 틀림없이 창조

작업이다. 그렇게 보는 이유는 인간이 무(無)에서 시작하는 것처럼 보이기 때문이다.

새끼 고양이가 불완전한 야옹 소리를 발달시키고 송아지와 새끼 새가 단순히 자신을 표현할 수단을 강화하는 것과는 달리, 아기의 내면에는 나중에 완전하게 발달할 작은 목소리가 있는 것 같지 않다. 인간 존재의 경우에만, 그것은 발달의 문제가 아니라 무(無)로부터 만들어내는 창조의 문제다. 그 창조는 아이가 떼는 엄청나게 큰 걸음이며, 그런 걸음을 성인은 절대로 떼지 못한다.

이 창조를 성취하는 데는 성인의 정신과 다른 유형의 정신이, 다양한 힘들을 지닌 정신이 필요하다. 정말로 아이의 창조 행위는 절대로 사소한 성취가 아니다. 아이는 언어를 창조할 뿐만 아니라 언어를 말하는 신체 기관까지 창조한다. 아이는 모든 육체적 움직임을 창조하고, 또 모든 지적인 표현 수단을 창조한다.

■ 새로운 세상을 위한 교육

윌리엄 제임스

당신의 몸은 당신의 과거를
모두 기록하고 있다

우리 인간은 행복한 운명이든 불행한 운명이든 자신의 운명을 자신의 손으로 직접 엮고 있다. 미덕이든 악덕이든, 아무리 작은 일이라도 당신에게 결코 작지 않은 흔적을 남긴다.

미국 배우 조지프 제퍼슨이 연기한 주정뱅이 립 반 윙클은 자신이 실수를 저지를 때마다 '이번 한번만 봐주겠어!'라며 스스로를 용서한다. 윙클은 자신의 실수를 헤아리지 않고 봐줄 수 있다. 그건 그의 자유다. 아마 천국도 그의 실수를 헤아리지 않을 것이다.

그럼에도 불구하고, 실수는 틀림없이 헤아려지고 있다. 그의 몸의 신경세포와 신경섬유의 분자들이 그의 실수를 정확히 헤아리고, 등록하고, 저장하고 있는 것이다. 다음에 유혹이 다시 나타날 때, 그에게 불리하게 사용하기 위해서다.

과학적인 의미에서 엄격히 본다면, 우리가 하는 행동은 절대로 지워지지 않는다. 물론, 우리의 모든 것이 이처럼 지워지지 않는 것이 꼭 나쁜 것은 아니다. 좋은 점도 있다. 술을 거듭해서 마시면 주정뱅이가 되는 것과 똑같이, 당신은 오랜 세월 동안 수많은 작은 행동과 작은 노력을 통해 도덕 영역에서 성자가 될 수도 있고 과학 영역에서 권위자가 될 수도 있다.

어떤 젊은이도 자신의 교육의 결과에 대해 걱정할 필요가 없다. 만일 하루하루 충실하게 노력했다면, 그는 최종 결과에 대해 불안해하지 않아도 된다. 그는 이른 아침 시간을 충실하게 이용했을 것이며, 어느 분야에 종사하든 자신의 세대 중에서 가장 유능한 인물이 될 것이다. 그러는 과정에 그의 내면에 판단력이 생겨날 것이고, 그 능력은 결코 사라지지 않을 것이다.

젊은이들은 이 진리를 일찍 깨달아야 한다. 그러면 매사에 열정적으로 임하지 않을 수 없게 될 것이다.

■ 한 권으로 읽는 심리학의 원리

슬퍼서 우는 것이 아니라
울기 때문에 슬퍼진다

어떤 사실에 대한 지각이 있고, 이어서 감정이 일어나고, 그 감정이 육체적 표현으로 나타나는 것으로 대체로 받아들여지고 있다. 그렇지 않다. 나의 이론은 그와 정반대다.

눈앞에 보이는 사실에 대한 지각에 이어 곧바로 육체적 변화가 나타난다. 이 육체적 변화가 나타날 때, 그 변화에 대한 느낌이 바로 감정이다.

상식에 따르면, 우리가 먼저 불행을 당하고 그것 때문에 슬퍼하며 울고, 곰을 맞닥뜨리면 놀라서 달아나고, 경쟁자에게 모욕을 당하면 분노하며 그 사람을 주먹으로 때린다고 한다.

나의 이론에 따르면 이 순서가 틀렸다. 어떤 한 마음 상태가 다른 마음 상태로 넘어가기 전에 먼저 육체적 표현이 나타난다. 우리가 울기 때문에 슬픔을 느끼고, 우리가 상대방을 때리기 때문에 화가 나고, 우리가 몸을 떨기 때문에 무서워지는 것이다. 얼핏 생각하는 것처럼 우리가 슬퍼서 울거나 화가 나서 때리거나, 두려워서 떠는 것이 아닌 것이다.

이런 식으로 설명하면, 즉시 반대 의견이 나온다. 그럼에도 이 가설이 진리라는 점을 밝히는 데는 그리 깊은 고찰이 필요하지도 않다.

먼저, 구체적인 지각이 즉각 일종의 육체적 영향에 의해 몸의 넓은 부위에 걸쳐 어떤 효과를 낳는다. 그 다음에 감정이 일깨워지는 것이다. 시(詩)나 드라마, 영웅적인 이야기를 들을 때, 당신은 밀려오는 파도처럼 어떤 떨림이 당신의 전신에 일어나는 것을 느끼며 종종 놀란다. 막간에 가슴이 벅차오르거나 예기치 않게 눈물이 쏟아져 놀라기도 한다. 음악을 들을 때에는 이런 현상이 더욱 분명하게 나타난다.

만약 숲속에서 시커먼 물체가 움직이는 것이 보인다면, 바로 그 순간에 당신의 심장이 박동을 멈추고 당신은 숨을 죽인다. 그런 다음에야 당신이 위험한 상황에 처했다는 구체적인 생각이 떠오른다.

■ 한 권으로 읽는 심리학의 원리

순간순간의 행동이
곧 당신의 미래다

어떤 사람이 이 범죄를 저질러야 할까, 저 직업을 선택해야 할까, 그 직책을 받아들여야 할까, 아니면 이 사람과 결혼해야 할까, 하고 고민하고 있다면, 그의 선택이야말로 미래에 똑같이 가능한 수많은 인격들 중에서 하나를 선택하는 결과가 될 것이다. 그렇듯, 당신이 미래에 어떤 존재가 될 것인지는 이 순간의 행동에 달려 있다.

아르투어 쇼펜하우어는 고착된 성격을 가진 사람은 주어진 환경에서 단 한 가지 반응만을 보일 것이라고 주장하면서 자신의 결정론(決定論)을 강조하고 있다.

그러나 쇼펜하우어는 결정적인 윤리적 순간에 매우 중요한 것은 그 사람이 인격 자체를 보는 태도라는 사실을 망각하고 있다. 사람에게는 지금 어떤 행동을 하겠다고 결정하는 것보다 미래에 어떤 존재가 되겠다는 선택이 훨씬 더 중요하다.

인간의 경험을 대체적으로 보면, 사람들의 선택은 대부분 똑같다. 사람들은 중요하게 여기고 관심을 둬야 할 것이 무엇인지에 대해 대체로 동의한다. 또 사람들은 관심을 둬야 할 것들 중에서 강조하고 선호해야 할 것과 무시하거나 혐오해야 할 것들을 선택하는 일에서도 대체로 같은 모습을 보인다.

그럼에도 두 사람이 똑같은 선택을 하는 예는 절대로 있을 수 없다.

■ 한 권으로 읽는 심리학의 원리

미덕도
습관이다

습관의 중요성을 깨닫는 것이 매우 중요하다. 이 부분에선 심리학이 큰 도움을 줄 수 있다. 사람들은 좋은 습관과 나쁜 습관에 대해 이야기한다. 맞는 말이다.

그러나 사람들이 '습관'이라는 단어를 사용하면서 머리에 떠올리는 것은 대개 나쁜 습관이다. 거의 대부분이 담배를 피우는 습관이나 욕하는 습관, 술 마시는 습관에 대해 말하는 것이다. 절제의 습관이나 중용의 습관, 용기의 습관에 대해서는 말하지 않는다.

그러나 사실은 미덕도 악덕만큼이나 습관적이다. 우리의 삶은 간단히 말하면 습관들의 집합에 지나지 않는다. 실용적, 감정적, 지적 습관들이 체계적으로 조직화되어 우리의 행복 또는 불행을 낳고 있다. 그런데 그것을 우리는 엉뚱하게도 운명이라고 부른다.

이 진리를 일찍 이해할수록 유익하며, 그런 이해가 이뤄지면 매사에 책임감이 더 커질 수 밖에 없다.

우리 모두는 육체를 갖고 있기 때문에 습관의 법칙의 지배를 받는다. 한마디로 말해, 어떤 일을 처음에는 어렵게 하지만 횟수가 늘어날수록 점점 더 쉽게 처리하다가 마침내 경험이 아주 많아지면 반자동적으로, 거의 의식하지 않는 가운데 해낼 수 있게 된다. 우리가 그런 것을 습관으로 굳힐 수 있는 것은 바로 우리의 신경계를 이루고 있는 물질의 유연성 덕분이다. 우리의 신경계가 연습이 가능한 방향으로 발달한 것이다.

따라서 습관은 제2의 본성이다. 아니, 영국 웰링턴 공작에 따르면, 습관은 '본성의 열 배'다. 어쨌든, 성인의 생활에 습관이 지니는 중요성을 고려한다면 크게 틀린 말도 아니다. 왜냐하면 어른이 될 때쯤이면 훈련을 통해 습득된 습관이 타고난 충동적인 성향 대부분을 억제하거나 억눌러 지워버리기 때문이다.

우리 모두가 아침에 잠자리에서 일어나서 밤에 잠자리에 들 때까지 하는 행동의 99%, 아니 99.9%는 순수하게 자동적이고 습관적인 것들이다. 옷을 입거나 벗는 행위, 음식을 먹거나 음료

수를 마시는 행위, 사람을 만나고 헤어지는 행위, 부인들 앞에서 모자를 벗고 길을 비켜주는 행위, 심지어 일상적으로 쓰는 언어의 대부분까지도 반복에 의해 고착되는 그런 유형이기 때문에 반사적인 행위로 분류될 수 있다. …

이처럼 우리가 한낱 습관의 뭉치에 지나지 않는다는 측면에서 본다면, 우리는 자신의 과거 모습을 모방하며 베끼고 있는 존재에 불과하다.

■ 선생님이 꼭 알아야 할 심리학 지식

새로운 것 속의 오래된 것,
그것이 관심의 초점이다

어떤 대상에 주의를 기울이고 있다는 것은 곧 그 대상이 그 사람의 마음을 완전히 차지하고 있다는 뜻이다. 이를 단순하게 설명하기 위해, 그 대상이 감각 대상이라고 가정하자.

저 먼 곳에서 어떤 형상이 우리를 향해 오고 있다. 그 형상은 거리가 너무 멀어서 겨우 거기에 무엇인가가 오고 있다는 것을 알아볼 수 있을 만큼 희미하다. 그래서 움직이는 것 같지도 않다. 이런 경우에 그 형상이 사람인지 아니면 짐승인지 확실히 알지 못한다. 무심코 보면, 그 형상은 우리의 주의를 거의 끌지 못한다. 이때 시각적인 인상은 단지 우리의 의식의 가장자리에만 영향을 주고 있을 것이다. 그 사이에 정신의 초점은 다른 것에 맞춰지고 있다.

다른 누군가가 그 형상에 대해 일러주기 전까지, 우리는 그것을 보지도 않을 것이다. 이런 경우에 다른 누군가는 그것을 어떤 식으로 알려주는가? 손가락으로, 그리고 형상의 생김새를 묘사함으로써, 말하자면 바라봐야 할 곳과 보게 될 것에 관한 이미지를 사전에 창조해냄으로써 그렇게 한다.

이 예고적인 이미지는 그 인상에 신경을 쓰게 될 신경 센터에 이미 하나의 자극이 된다. 그 인상이 사람에게 들어와서 신경 센터를 자극하는 것이다.

이어 대상이 시야의 초점 안으로 들어온다. 이때 의식은 인상과 예고적인 이미지에 의해 이미 팽팽하게 긴장된 상태다. 그러나 아직 대상에 최대한의 주의가 쏟아지고 있지는 않다. 대상을 보고 있으면서도 그것에 대해 그다지 신경을 쓰지 않을 수 있는 것이다. 그 대상이 우리에게 중요한 것을 아무것도 암시하지 않을 수 있기 때문이다. 그리고 경쟁관계에 있는, 다른 대상이나 생각의 흐름이 재빨리 우리의 마음을 차지할 수도 있다.

그러나 만약 우리 일행이 그 대상에 대해 의미 있는 방향으로 정의하면서 우리의 마음 속에서 걱정스러운 경험들을 불러일으킨다면, 예를 들어 그 대상을 적(敵)이나 중요한 소식을 전할 사자(使者)로 규정한다면, 의식의 가장자리에 있던 생각들이 순식

간에 일깨워질 것이다. 그러면 과거의 걱정스러운 경험들과 주변적인 생각들이 하나로 결합하면서 그 대상 쪽으로 집중하며 주의의 초점을 맞출 것이다. 이때 마음은 그 대상에 최대한 주목하게 된다.

따라서 생리학적으로 볼 경우에 주의가 절정에 이른 때는 두 방향으로, 말하자면 밖에서 안으로, 또 안에서 밖으로 작용하는 뇌세포로 상징될 것이다. 말초에서 오는 전류들은 뇌세포를 자극하고, 기억과 상상의 센터에서 나오는 이차적인 전류는 기억과 상상을 강화한다.

이 과정에 말초로부터 들어오는 인상은 보다 새로운 요소이며, 이 새로운 요소를 강화하고 떠받치는 관념은 마음이 이미 품고 있던 옛날의 관념이다. 그렇다면 신기한 것과 옛것 사이에 체계적인 조화나 통합이 이뤄질 때마다 최대한의 주의가 확인된다고 말해도 무방하다.

오래된 것도, 새로운 것도 그 자체로는 재미없다는 것은 좀 특이하다. 전적으로 오래된 것은 지루하고, 전적으로 새로운 것은 전혀 호소력을 발휘하지 못한다. 새로운 것 속에 들어 있는 오래된 것이 주의를 끄는 요소다. 말하자면 약간 새로운 경향을 가진 옛것이 주의를 끈다는 뜻이다.

누구도 자신의 지식과 완전히 단절된 주제에 관한 강의를 듣고 싶어 하지 않는다. 우리 모두는 이미 어느 정도 알고 있는 주제에 대한 강의를 좋아한다. 패션 분야에서 매년 그 전 해의 옷을 조금 변형시킨 작품이 소개되는 것과 똑같다. 십년에서 또 다른 십년으로 건너뛰는 도약은 사람들의 눈에 거슬린다.

이런 맥락에서 본다면, 학생들의 관심을 자극하는 재미있는 선생의 천재성은 학생과 공감하면서 학생의 마음이 이미 자발적으로 끌리고 있을 그런 종류의 자료를 예측하는 능력에 있다고 할 수 있다. 또 그 자료와 학생들이 이미 배운 것을 서로 연결시킬 경로를 찾아내는 창의성에도 훌륭한 선생의 천재성이 있다고 할 수 있다.

이 원리를 이해하는 것은 쉬운 일이지만, 그것을 현실로 구현하는 것은 대단히 어려운 일이다. 내가 지금 소개하고 있는 것과 같은 심리학 지식을 알고 있다고 해서 훌륭한 선생이 되는 것은 절대로 아니다. 원근법을 안다고 다 탁월한 풍경화 화가가 되지는 못하는 것과 똑같은 이치이다.

■ 선생님이 꼭 알아야 심리학 지식

억제도
긍정적으로 하라

무엇인가를 억제시키는 데도 두 가지 유형이 있다. 억압이나 부정에 의한 억제가 있고, 대체에 의한 억제가 있는 것이다. 두 가지 유형의 차이는 이것이다.

억압에 의한 억제의 경우에는 억제당하는 관념과 억제하는 관념, 말하자면 충동적인 관념과 그것을 부정하는 관념이 똑같이 의식 안에 나란히 존재하면서 어떤 긴장을 낳는 반면에, 대체에 의한 억제의 경우에는 억제하는 관념이 억제당하는 관념을 완전히 대체하고, 따라서 억제당하는 관념이 금방 의식에서 사라진다는 점이다.

예를 들어 보자. 학생들의 마음이 이리저리 떠돌고 있다. 지금 학생들은 창밖에서 나는 소리를 듣고 있다. 그 소리가 지금 점점 더 강하게 학생들을 자극하면서 학생들의 주의를 전부 빼앗고 있다. 이때 선생이 학생들을 향해 창밖의 소리에 신경쓰지 말고 책이나 선생의 말에 주의를 집중하라고 소리를 질러 학생들의 주의를 다시 모을 수 있다. 그러면 선생은 자신이 학생들을 살피고 있다는

242

사실을 학생들에게 주지시킴으로써 기대한 효과를 거둘 수 있다.

그러나 그것은 낭비적인 효과이며 질이 떨어지는 효과다. 왜 나하면 선생이 감시의 눈길을 늦추는 순간, 학생의 주의를 끌고 있는 소음이 거기 그대로 있으면서 학생들의 호기심을 다시 자극하고 곧 학생들을 압도해 버릴 것이기 때문이다.

반면에 선생이 거리의 소음에 대해서는 한 마디도 하지 않는 가운데 매우 흥미로운 이야기를 들려주거나 공개 실험을 직접 실시하는 식으로 소음에 대항하는 방법을 택한다면, 학생들은 언제 그랬냐는 듯이 거리의 소음을 잊으면서 별다른 어려움을 느끼지 않고 선생의 말에 주목할 것이다.

세상에는 부정으로 절대로 억제되지 않는 관심사들이 많다. 예를 들면, 사랑에 빠진 사람의 경우에는 어떠한 의지의 노력도 그 열정을 죽이지 못한다. 그러나 눈을 번쩍 뜨게 만들 미인이 그의 시야에 들어온다고 상상해 보라. 그 순간, 그때까지 그의 마음을 사로잡고 있던 우상은 마음에서 완전히 지워지고 말 것이다.

바뤼흐 스피노자는『윤리학』(Ethics)에서 "나쁘다는 판단에서 피할 수 있는 일이라면, 그것 외에 다른 것이 좋다는 판단에 의해서도 그 일을 피할 수 있다."고 썼다. 전자의 예처럼 습관적으로 부정적인 인식을 바탕으로 행동하는 사람을 스피노자는 노예라고 부른다. 습관적으로 선(善)을 바탕으로 행동하는 사람에게 스피노자는 자유인이라는 이름을 붙인다. 그러므로 선생은 학생들이 가능할 때마다 선을 바탕으로 행동하는 습관을 기르게 함으로써 그들을 자유인으로 만들어야 한다.

　선생은 학생들에게 거짓말의 사악함을 확인시키는 것보다는 학생들의 내면에 명예와 정직에 대한 열정이 일어나게 함으로써, 학생들이 습관적으로 진실을 말하도록 가르쳐야 한다. 또 선생은 학생들에게 자신의 긍정적인 공감 능력을 전함으로써 학생들이 타고난 잔인성을 멀리하도록 해 줘야 한다. 그러면 학생들이 내면에 있는 기쁨의 샘들을 발견할 것이다.

■ 선생님이 꼭 알아야 할 심리학 지식

쾌활하길 원하거든 쾌활하게 행동하고, 용감하길 원하거든 용감하게 행동하라

태생적으로 쾌활하던 사람이 갑자기 우울해지면서 이전의 모습이 그리워진다면, 그 모습을 다시 찾는 가장 확실한 방법은 의도적으로 쾌활함이 이미 자신에게 찾아온 것처럼 행동하는 것이다. 자세도 꼿꼿이 세우고, 쾌활한 모습으로 주변을 이리저리 살피고, 한마디로 말해, 쾌활함이 이미 거기 와 있는 것처럼 말하고 행동하면 된다.

만약 그런 태도를 취하고 있는데도 당신에게 예전의 쾌활함이 돌아오지 않는다면, 그 외의 다른 방법으로는 절대로 쾌활해지지 못한다.

마찬가지로, 용감해지길 원한다면, 당신 자신이 이미 용감한 사람인 것처럼 행동하라. 용감한 척 행동한다는 목표에 당신의 의지를 모두 동원하라. 그러면 곧 용감한 정신 상태가 두려운 정신 상태를 몰아내 버릴 것이다.

또 당신이 아주 싫어하는 사람에게 친절한 마음을 품길 원한다면, 유일한 방법은 그 사람에게 다소 고의로 미소를 지어보이고, 호의적인 질문도 던지고, 따뜻한 말을 건네는 것이다.

나쁜 감정을 품은 가운데 그 감정을 떨쳐내려고 노력해봐야 아무 소용이 없다. 당신의 관심이 온통 그 감정에 쏠리게 될 뿐이다. 그러면 그 감정은 당신의 마음을 떠나기는커녕 더욱 질기게 달라붙으며 심화될 것이다.

반면에 당신이 다른 좋은 감정을 바탕으로 행동한다면, 지금 당신을 괴롭히고 있는 나쁜 감정은 금방 슬그머니 꽁무니를 빼며 사라져 버릴 것이다.

■ 학생들이 꼭 알아야 할 심리학 지식

욕망과 열정과
관심이 가장 중요하다

주의를 집중하는 능력이 아주 중요하긴 하지만, 그 능력이 다소 떨어진다 해도 낙담할 필요는 조금도 없다. 왜냐하면 사람의 정신의 효율성은 그 사람의 모든 정신적 기능들이 함께 작동한 결과물이기 때문이다.

인간은 너무나 복잡한 존재이기 때문에 정신의 어느 한 기능이 캐스팅 보트를 쥐지 못한다. 정신의 여러 기능들 중에서 혹시라도 결정권을 행사할 수 있는 것이 있다면, 그것은 그 사람의 욕망과 열정의 힘이거나 그 사람이 주어진 일에 쏟을 수 있는 관심의 힘일 가능성이 크다. 집중과 기억, 추론, 창의력, 감각의 탁월성 등은 욕망이나 열정, 관심에 비하면 부차적이다.

그 사람의 의식의 장(場)이 아무리 뇌를 산만하게 흩트리는 유형일지라도, 어떤 주제에 진정으로 관심을 둔다면, 그는 주의력이 끊임없이 방황하더라도 마찬가지로 끊임없이 그 주제로 다시 돌아와 열심히 임하면서 대체로 좋은 결과를 끌어낼 수 있다. 그 사람은 주어진 어느 기간에 특별한 열정 없이 주의를 미지근하게 지속적으로 기울인 사람보다 훨씬 더 나은 결과를 얻을 것이다.

내가 알고 있는 효율적인 사람들 중 일부는 아주 산만한 뇌를 가진 유형이다. 일을 엄청나게 많이 하는 한 친구는 이렇게 고백했다. 어떤 주제에 대한 아이디어를 얻기를 원하는 경우에, 자기는 자리에 앉아서 그 주제와 상관없는 일을 한다는 것이었다. 엉뚱하게도, 그런 식으로 마음이 이리저리 떠돌도록 내버려둘 때 가장 좋은 결과가 나온다는 것이다.

아마 이 친구가 간략하게 말하다 보니 다소 과장한 측면이 있을 것이지만, 나는 집중력이 부족하다고 해서 낙담할 필요는 전혀 없다고 진정으로 생각한다. 우리의 정신은 좀처럼 편안함을 느끼지 못하고 불안해하며 혼란을 느낄지 몰라도, 효율성을 따지면 유형을 불문하고 똑같이 대단히 효율적이다.

■ 선생님이 꼭 알아야 할 심리학 지식

쿠르트 레빈

민주주의는
강요로 안 된다

사람들을 가만히 내버려두면 집단생활 속에서 민주적인 패턴을 배우게 될 것이라고 가정하는 것은 순진한 생각이다. 그런 가정은 심지어 민주적인 사회에 살고 있는 사람에게도 결코 유효하지 않다.

미국 같은 일부 국가들이 민주주의를 성취한 것은 매우 독특한 역사적, 지리적 조건들의 결과였다.

민주주의에서도 다른 문화에서와 마찬가지로 개인은 어떤 유형의 "학습"을 통해서 문화적 패턴을 습득한다. 일반적으로, 그런 학습은 사람이 그 문화 속에서 성장하는 과정에 이뤄진다.

어느 한 문화적 패턴에서 다른 문화적 패턴으로 변화시키는 과정을 실험한 결과, 독재주의는 개인들에게 강요할 수 있는 것으로 드러났다. 이 말은 곧 개인들이 외부에서 강제하는 상황에 스스로를 적응시킴으로써 독재주의를 배우게 된다는 뜻이다.

그러나 민주주의는 개인에게 강요하지 못한다. 왜냐하면 민주주의가 자발적이고 책임 있는 참여의 과정을 통해서만 배울 수 있는 것이기 때문이다. 그래서 독재주의에서 민주주의로 바꾸는 것은 반대 방향으로 바뀌는 것보다 훨씬 더 많은 시간이 걸리게 마련이다.

다른 문화적 패턴에서 민주주의로 변화를 꾀하는 것은, 다시 말해 민주주의를 배우는 것은 민주적인 리더십에 따르는 문제와 비슷한 역설을 수반한다. 민주적인 지도자는 독재적인 지도자와 달리 집단에 자신의 목표를 강요하지 않는다. 민주주의에서 정책 결정은 대체로 집단에 의해 행해진다. 그럼에도 민주적인 지도자는 어쨌든 앞에서 "리드"를 해야 한다.

예를 들어, 개인주의적 자유(무간섭주의)에서 민주주의로 바꾸려 노력한다고 가정해 보자. 그런 경우에 새로운 지도자는 집단 구성원들에게 그들이 해야 할 행동에 대해 말하지 못할 것이다. 왜냐하면 그렇게 지시하는 것이 독재주의로 이어질 것이기 때문이다. 그럼에도 그 집단이 민주주의 쪽으로 나아가도록 이끌기 위해서 상황을 어느 정도 조작하는 것은 불가피하다. …

251

공장의 현장 주임들을 대상으로 민주적인 리더십 훈련을 시키면서 실시한 실험들은 작은 집단을 대면하는 하급 지도자들은 민주적인 훈련을 받도록 하는 것만으로는 충분하지 않다는 점을 강력히 암시한다. 만약 이 하급 지도자들보다 위에 있는 권력, 예를 들어 경영진이 민주적인 절차를 이해하지 못하는 까닭에 그런 절차를 적용하지 않는다면, 아래쪽에서 일어나려던 혁신이나 민주적인 리더십의 효과는 금방 사라지고 말 것이다. 이런 결과는 결코 놀라운 것이 아니다. 이유는 문화적 패턴이란 것이 하나씩 따로 전할 수 없는 사회적 분위기이기 때문이다.

■ 사회적 갈등 해결하기

장기 목표는 높게,
단기 목표는 전보다 약간 더 높게

세상에 태어난 지 3개월 된 아이는 장난감을 자기 손으로 어렵게 잡을 때나 다른 사람이 건네줄 때나 똑같이 행복해 한다. 그러나 두 살이나 세 살 된 아이는 자주 타인의 도움을 거절한다. 자기 손이 겨우 닿을 만한 곳에 있는 것을 힘들여 직접 손에 넣는 쪽을 선호하는 것이다. 달리 말하면, 이 나이의 아이는 쉬운 방법과 쉬운 목표보다 어려운 방법과 어려운 목표를 좋아한다는 뜻이다.

인간 존재의 이 같은 행동은 모순처럼 보이며, 또 널리 받아들여지고 있는 어떤 믿음과 정반대다. 우리의 일상적 사고에, 심지어 정치에도 깊이 영향력을 행사하고 있는 그 믿음은 인간 존재들은 "쾌락의 원리"를 따르면서 가장 쉬운 목표에 가장 쉽게 닿는 길을 밟는다는 것이다.

그러나 실제로 보면 개인이 일상의 삶 속에서 설정하는 목표나 장기적으로 계획하는 목표들은 어린 시절 이후로 줄곧 그 사람의 이념이나 그 사람이 속한 집단의 영향을 받으면서 야망을 자신의 능력에 비춰 최대한의 수준까지 끌어 올리는 경향을 보인다. …

삶을 성공적으로 영위하는 사람은 전형적으로 그 다음 목표를 그 전에 성취한 것보다 높게 설정하되 지나치게 높지 않은 선에서 정한다. 이런 식으로, 성공적인 사람은 꾸준히 자신의 야망의 수준을 높여나간다. 그 사람도 장기적인 차원에서는 다소 높을 수 있는 이상적인 목표를 추구하고 있지만, 그럼에도 불구하고 다음 단계를 위한 목표는 현실적으로 현재의 위치와 가까운 것으로 정한다.

한편, 삶에서 성공을 거두지 못하고 있는 사람은 두 가지 반응 중 하나를 보인다. 목표를 매우 낮게, 종종 과거의 성취보다 더 낮게 설정함으로써 아예 겁을 먹고 높은 목표를 성취하는 것 자체를 포기하든가, 아니면 목표를 능력보다 훨씬 더 높게 설정하는 것이다. 목표를 자신의 능력보다 높이 설정하는 예가 더 자주 보인다. 그 결과, 진지하게 노력하지 않고 그저 높은 목표를 추구하는 시늉만 하는 경우가 가끔 있다. 그것은 곧 현재 상황에서 가능한 것을 제대로 보지 못하는 가운데 이상적인 목표를 맹목적으로 따르고 있다는 뜻이다.

높은 목표를 설정하고 지켜나가는 동시에 다음 행동을 위한 단기 계획을 현실적으로 능력의 범위 안에서 세우고 추구하는 것이 사기를 높게 유지할 수 있는 방법이다.

어떤 사람이 목표를 어느 정도 높이 설정하는지는 그가 속한 집단의 기준에도 크게 영향을 받는다. 대학생들을 대상으로 한 실험들은 집단의 기준이 낮은 경우에 개인이 노력을 덜 하고 목표를 자신의 능력보다 크게 아래로 잡는다는 사실을 보여준다.

한편, 집단이 기준을 높이면 개인도 목표를 높이는 것으로 확인되었다. 달리 말하면, 개인의 이상과 행동은 그가 속한 집단의 목표와 기대에 따라 많이 달라진다는 뜻이다. 따라서 개인의 사기의 문제는 어느 정도 집단의 목표와 기준과 연결되는 사회심리학적 문제라는 것이 명백해졌다. ■ 사회적 갈등 해결하기

해블록 엘리스

사랑은 그 자체로는
썩 좋은 것이 아니다

사랑은 보는 관점에 따라 "정서"나 "열정"으로 정의되어 왔다. 어느 경우든 사랑은 감정적인 삶을 이루는 안정적이고 복합적인 한 요소다. 그러나 하나의 정서로 여겨질 때, 사랑은 보다 지적이고, 세련되고, 섬세한 감정이 되며, 하나의 열정으로 여겨질 때, 사랑은 강력한 종류의 감정적인 콤플렉스가 된다.

사랑은 삶을 가치 있게 만드는 최고의 요소 중 하나인 것은 틀림없는 사실이다. 그러나 영국 사회 비평가 버트런드 러셀이 잘 지적했듯이, 두 사람이 서로에게 느끼는 사랑은 주위에 경계선을 뚜렷이 긋고 있기 때문에 그 자체로는 훌륭한 삶의 목표가 될 수 없다.

최고의 열정으로 꼽히는 사랑도 단순히 확장된 이기주의에, 그러니까 '둘 만의 이기주의'에 불과할 수 있는 것이다.

따라서 아무리 정당화하더라도, 사랑은 한 사람의 이기주의보다 그다지 더 넓지도 않고 더 고귀하지도 않다.

이런 식으로 이해되는 사랑은 에너지를 일으키는 원천일 수 있지만, 만약 두 파트너가 에너지를 서로에게만 쏟는다면, 사랑의 에너지는 대개 낭비되고 말 것이다.

지극히 개인적일 수밖에 없는 커플을 벗어나서 넓은 세상으로, 또 미래로 확장할 수 있는 그런 목표들이 있어야 한다. 아마 그 목표들은 절대로 성취되지 않은 채 언제나 커져만 가는 그런 목표일 것이다. "사랑이 진지함과 깊이를 가질 수 있는 것은 오직 이런 종류의 무한한 목적과 연결될 때뿐이다."

■ 섹스의 심리학

갱년기의 열정은
위험하다

갱년기에 이른 여자들에게 성욕이 분출하는 현상이 두드러지는 경향이 있다. 꺼져가는 불이 마지막 불꽃을 피운다고나 할까. 이런 성욕은 쉽게 병적인 형태로 변할 수 있다.

남자도 마찬가지다. 늙어가는 것이 느껴지기 시작할 때, 성충동이 돌연 절박해질 수 있다. 이런 본능적인 반응에서, 성충동은 정상적으로나 비정상적으로 합당한 선 그 너머까지 나아가는 경향을 보인다.

이런 현상은 절대로 젊은 시절에 여자들을 많이 경험한 남자들에게만 국한되지 않는다. 젊은 시절에 도덕적 고려 때문에 많은 것을 억제한 남자들에게 오히려 더 뚜렷이 나타나는 경향이 있다. 지금 그 남자들은 더 늦기 전에 잃어버린 세월을 보충하려는 무의식적 충동을 따르고 있을 것이다.

여자들 대부분이 공통적으로 경험하는 한 가지 사실은 젊은 시절에 자신에게 성적으로 접근했던 사람들, 특히 가장 대담했고 또 종종 가장 성공적으로 접근했던 사람들이 여자들을 보다 점잖고 보다 공손하게 대하는 젊은이들이 아니라 성격과 지위로 미뤄볼 때 그런 접근을 기대하기 어려울 것 같은 나이 많은 기혼자였다는 점이다.

나이가 들어감에 따라, 이런 식으로 성적 활동이 분출할 가능성이 있을 뿐만 아니라 이기심과 무신경까지 생겨나면서 성적 표현을 더욱 용이하게 하도록 만든다. 이 이기심과 무신경은 다른 측면에서 보면 이롭다. 그것들이 허약해진 고령자가 격한 감정의 위험으로부터 보호해줄 수 있기 때문이다. 그러나 성적 영역에서 활동이 늘어나게 되면, 나이든 사람에게 대단히 곤란한 일이 벌어질 수 있다.

■ 섹스의 심리학

여자가 겪는 불감증의 원인은
남자에게 있다

완전한 성적 무감각증이 여자들에게 존재할 수 있는지 의문스럽다. 틀림없이, 지각 감퇴가 터무니없을 만큼 자주 일어날 수 있는 것은 사실이지만, 성적 불감증이 여자들의 거의 70%에서 나타난다고 보는 분석은 아무래도 좀 그렇다.

그런 터무니없는 추산은 무시되어야 한다. 미국 의사 길버트 해밀턴은 교육받은 계층의 정상적인 기혼녀 100명 중에서, 성욕과 성적 감각이 지속적으로 존재하지 않는다는 의미에서 말하는 성적 불감증은 한 사람밖에 없다는 사실을 발견했다.

『1천 건의 결혼』(A Thousand Marriages)이라는 책 중 이 주제를 다룬 장에서, 미국 의사 로버트 디킨슨은 "성적 불감증"을 고착된 상태나 선천적인 조건으로 보지 않는다. 성적 불감증의 원인은 복합적이다. 신체와 기질, 교육, 습관(무지와 자기 성애적인 행위 포함), 남편의 결점 등이 꼽힌다. 가장 지속적으로 "불감증"을 보이는 사람들은 자기 성애를 즐기는 사람이라고 그는 말한다. 그럼에도 엄격히 말하면, 자기 성애를 즐기는 사람은 전혀 불감증이 아니며 자신에게 호소력을 발휘하는 성적 자극에는 대단히 민감할 수 있다.

여자들이 "불감증 환자"로 여겨지는 주된 이유는 여자들 자신에게 있기보다는 남자들에게 있다. 남자들의 성욕은 저절로 능동적으로 발달하는 경향이 있는 반면에, 여자들의 경우에는 성욕이 잠재적으로 아무리 강하다 할지라도 적극적으로 표현되기 위해서는 먼저 소환되어야 한다.

유럽 사회에서 여자의 성욕은 대체로 남편이 끌어내야 하는 기능으로 여겨지고 있다. 아내에게 성 생활에 관한 교육을 시키는 것도 남편의 몫이고, 섹스를 의식적으로 아내에게 요구하는 것도 남편이다. 만약 남편이 무지나 편견, 조바심 또는 통찰력 부족으로 인해 자연스런 역할을 수행하지 못한다면, 그의 아내는 결함이 전혀 없는 상태에서도 "성 불감증"으로 여겨질 수 있다. 이전 시대에 아주 많은 남자들은 훌륭한 연인이 될 수 없었으며, 따라서 많은 여자들이 "성 불감증 환자"가 되었다.　　　■ 섹스의 심리학

갱년기는
축복이기도 하다

갱년기에 약간의 감정적, 육체적 장애가 불가피할지라도, 많은 여자들, 심지어 불안정한 신경증 성향을 가진 여자들도 심각한 문제를 전혀 일으키지 않고 과도기를 넘긴다. 소수의 사람들만이 육체적이거나 정신적인 쇠약을 어느 정도 겪을 뿐이다.

여자가 어쩌면 오랫동안 누리고자 했을지 모르는 젊음이 더 이상 자신의 것이 아니라는 사실을 깨닫게 되는 갱년기는 정신적인 측면에서 여자에게 깊은 인상을 남길 것임에 틀림없다. 더욱이, 생식 능력의 종말은 실제로는 전혀 그렇지 않은데도 불구하고 성생활의 종말처럼 보인다.

갱년기를 맞은 여자는 인생의 중요한 시기가 황급히 자신을 떠나가고 있다는 사실에 깜짝 놀란다. 따라서 돌연 성적 활동이 늘어나는 현상이 가끔 나타난다. 이때 새로운 남자에게 끌리거나 남자에게 적극적으로 다가서는, 그때까지 없었던 일도 벌어진다. 거기에 온갖 변덕과 회의(懷疑)가 수반되며, 이따금 성충동의 일탈이 실제로 일어나기도 한다.

결혼한 여자들의 경우에 남편도 이 시기에 성적 능력을 잃어가기 시작한다는 사실 때문에 결과가 종종 나쁜 방향으로 나타난다. 이때 아내에 대한 남편의 사랑은 평화로운 애정의 단계에 들어가 있으며, 따라서 남편은 아내의 새로운 열정에 화답하기 어렵다. 그러면 아내의 열정은 엉뚱한 방향으로 향하고, 아마 질투로 변할 것이다. 그래서 육체적인 면에도 고통스런 문제가 일어날 뿐만 아니라 정신적인 면에도 무뚝뚝한 특성들이 다수 생겨날 수 있다.

그러나 그런 문제들이 일어나는 것은 직접적으로 갱년기 때문이 아니라, 그 사람 안에 이미 잠재해 있던 경향들이 이 시기에 해방되기 때문이다.

그런 증상들이 기본적으로 갱년기 자체에 고유한 것도 아닐 뿐만 아니라 인생의 이 시기는 당연히 보상적인 이점을 많이 갖고 온다는 사실을 분명히 아는 것이 중요하다. W. J. 필딩은 이렇게 말했다. "무수히 많은 여자들에게, 폐경기는 성취의 황금기의 시작이었다. 정상적인 체질을 가진 여자들이 이 시기에 성적 매력을 잃어야 할 이유가 전혀 없다. 실제로 많은 여자들은 25세 때보다 50세에 더 매력적이다. 그리고 흘러가는 세월에 여자들의 인격이 발달하고 풍요로워졌다면, 그들은 틀림없이 30세 때보다 60세에 더 매력적일 것이다."

결혼한 많은 커플들에게 최종적으로 결혼이 진정한 의미에서 말하는 행복하고 조화로운 동료 관계로 발전하는 것은 아내가 갱년기를 맞은 이후에나 가능하다고 할 수 있다. 비록 그 관계가 가끔 오누이의 관계를 떠올리게 할지라도 말이다.

이 시기에 여자들의 지적 활동이 증대된다는 점에 대해선 이견이 전혀 없다. 훌륭한 여자들 중에서 생식 가능한 시기가 끝난 뒤에야 능동적인 경력이 시작된 예들이 많다. 건전하게 자신을 가꿔 온 여자는 종종 손자들에게 헌신하는 한편으로 해방된 모성의 에너지를 더욱 보람있게 사회를 위해 쏟을 수 있으며, 그런 경우에 사회는 폭넓게 활동할 영역을 끝없이 제공할 것이다.

■ 섹스의 심리학

사랑은
하나의 기술이다

사람들이 좀처럼 공개적으로 제시하지 않는, 사랑의 중요한 조건이 한 가지가 있다. 사랑의 대상들이 즐거움을 누릴 수 있어야 한다는 점이다. 뜨거운 열정인 사랑이 하나의 기술이 되어야 하는 이유가 바로 거기에 있다.

오늘날엔 사랑을 기술로 보는 것이 널리 정당화되고 있으며, 도덕주의자들까지도 그런 관점에 적극적이다. 도덕주의자들도 결혼생활에서 정절을 지키는 것을 의무로 여기는 것만으로는 더 이상 충분하지 않다는 점을 인정하고 있는 것이다. 도덕주의자들은 사랑을 하나의 기술로 바꿔놓을 경우에 사랑의 기반을 더욱 확장함과 동시에 부부 결합의 토대를 더욱 확고히 다질 수 있다는 점을 인정하고 있다.

사랑의 기술을 인정하려는 시도는 현대 문명 속으로 멀리 거슬러 올라간다. 외과의 위대한 선구자인 앙브루아즈 파레 (1510-1590)는 상당한 정도의 전희를 성교의 바람직한 전제 조건으로 권했다. 보다 최근에 파울 퓌르브링어는 의사가 환자에게 부부 관계의 기술에 대해 상세히 설명할 수 있어야 한다고 주장했다.

이 대목에서, 여성들의 성충동의 특징으로, 그리고 여성들 사이에 아주 흔한 것으로 여겨지는 성적 불감증에 대해 언급하지 않을 수 없다. 이유는 사랑의 기술이라는 문제가 이런 특징들을 인식한 데서, 또 동물의 세계 전반에 걸쳐서 구애가 기술이라는 사실을 분명히 확인한 데서 비롯되었기 때문이다.

성 불감증이 가정의 불행을 낳는 것으로, 말하자면 아내에게 고통을 안기고, 남편에게 실망을 안기면서 남편이 다른 곳에서 더 좋은 관계를 추구하려는 유혹에 시달리게 하는 것으로 인식되어 왔다. 그런 경우에 성적 결합에 대한 욕망에 결함이 있거나 결합에 따른 쾌감이 불완전하거나, 둘 다가 있을 수 있으며, 어떤 경우든 사랑의 기술을 실천할 것을 요구한다.

더글러스 브라이언이 지적하듯이, 남자와 여자의 성적 긴장은 서로 반대이면서 보완적이기 때문에 남녀에 따라 감정과 반응이 서로 다를 수밖에 없다. 흥분한 페니스는 추진성과 능동성, 정복 등의 충동을 낳고, 흥분한 여자의 음부는 수용성과 수동적인 종속 등의 충동을 낳는다. 말하자면, 여기서 우리는 "남성성"이라 부르는 것의 핵심과 "여성성"이라 부르는 것의 핵심을 보고 있다. 그러나 더글러스 브라이언이 지적하듯이, 이 단계에 닿기 전에, 그러니까 구애의 초기 단계에는 역할이 다소 거꾸로 된다. 남자는 어느 정도 복종적이어야 하고, 여자는 어느 정도 적극적이어야 하기 때문이다.

성감대는 여자들이 수적으로도 훨씬 더 많고 분산되어 있으며, 그래서 여자들의 경우에는 성적 충동이 보다 쉽게 퍼지고 무의식적 경로로도 충족된다. 그럼에도 오랜 전통은 여자들에게 성충동을 혐오스럽고 죄스런 것으로 여기며 억누르라고 가르쳐왔다. 따라서 여자들에게서 남자들에 비해 성충동이 표면 아래로 숨고 무의식적인 경로에서 배출구를 추구하는 경향이 더 강하게 보인다.

이것은 지그문트 프로이트가 포착한 중요한 사실이다. 그러나 여자들의 성충동에 두드러진 특징들이 나타남에도 불구하고, 꽤 자연스런 조건에서 살고 있는 여자들 사이에 성적 불감증이 많다고 의심할 근거는 전혀 없다. 문명 속에서 사는 가난한 사람들 사이에서도 불감증을 겪는 사람이 거의 없다. 이것은 성충동에 결함이 전혀 없다는 것을 암시한다. 그럼에도 이를 실제로 증명할 수 있는 길은 없다.

그러나 자연과 예술, 인습, 도덕, 종교 등 복합적인 영향 아래에서 살고 있는 개화된 여자는 종종 늦은 나이에 성교에 부적절한 조건에서 남편을 만나는 경향이 있다. 이런 경우에 신랑이 기술이나 배려심이 부족하다면 성교는 아내에게 고통이나 혐오감을 안기거나 아내를 무감각한 상태로 남겨둘 것이다.

그러나 여자의 성적 무감각증을 치료하는 과제 중 중요한 몫은 언제나 남편에게 돌아가야 한다. 그런데 남편은 이런 치료를 할 준비가 결코 되어 있지 않다. 이 대목에서, 오노레 드 발자크가 한 말, 즉 이 문제에서 남편이 가끔 바이올린을 든 오랑우탄처럼 행동한다는 말에 여전히 많은 진리가 담겨 있다는 사실을 걱정하는 사람도 있다. 바이올린이 "무감각"하게 남아 있지만, 그것은 아마 바이올린의 잘못이 아닐 것이다.

그렇다고 남편이 의식적으로나 의도적으로 악하다는 뜻은 결코 아니다. 분명히, 혼인상의 의무를 지키다가 남편이 무지하게 된 탓에 냉담하게 굴 수 있다. 그러나 미숙함이 상대방을 배려하려는 욕망과 결합되는 경우가 종종 있다. 정말로 슬픈 사실은 대부분의 경우를 보면 소심한 남편이 단순히 착하고 고상한 탓에 소심하다는 점이다. 그런 남편은 혼전에 순결한 삶을 살려고 노력했고, 따라서 여자들의 본성과 욕구에 대해 아무것도 배우지 못한 사람이다.

가장 행복한 결혼생활, 즉 평생 동안 상대방에게 헌신하는 그런 결혼생활은 가끔 상대방 외에는 아무도 모르는 그런 젊은이들에게 가능한 것은 사실이다. 그러나 이런 순수함은 양날의 칼

이며, 많은 경우에 그 칼이 엉뚱한 것을 벤다. 그러면 성장하면서 도덕적 원칙을 지키며 살았던 남자는 바로 그런 사실 때문에 자신의 가정의 행복과 아내의 행복을 파괴했다는 사실을 깨닫게 될 것이다.

여기서, 혼전 경험이 매춘부에서 그치는 남자도 앞에 예로 든 남자보다 준비가 결코 더 잘 되어 있다고 말하지 못한다는 점을 덧붙여야 한다. 무분별한 미숙함이나 자기 아내의 "순수"에 대한 과도한 배려나 똑같이 불행을 부르는 것으로 드러날 것이다.

■ 섹스의 심리학

프
리
드
리
히
니
체

군집 본능은
횡포다

오늘날 주권자 노릇을 하고 있는 권력은 군집 본능이다. 군집의 총합은 군집을 이루고 있는 단위들의 가치에 좌우된다. 그런데 우리 사회학은 제로(0)들의 총합인 군집 본능 외에 다른 본능에 대해선 아무것도 모른다.

군집 안에서 모든 제로가 "평등권"을 누리고 있으며, 제로가 되는 것이 도덕적인 것으로 여겨지고 있다. …

정말 이상하게 들릴지 모르지만, 오늘날 강한 자들은 언제나 약한 자들에 맞서, 체질적으로 훌륭한 자들은 언제나 체질적으로 약한 자들에 맞서, 건강한 자들은 언제나 병들고 생리적으로 실패한 자들에 맞서 자기 자신을 지켜야 한다. 만약 지금의 현실로부터 도덕을 끌어낸다면, 그 도덕은 이런 내용이 될 것이다. '평균적인 사람이 특출한 사람보다 더 소중하고, 쇠퇴하는 사람이 평범한 사람보다 더 소중하다. 따라서 비(非)존재를 추구하려는 의지가 생명을 추구하려는 의지보다 더 훌륭하다.' …

정신적 계몽은 인간들을 불안하게 만들고, 의지를 약하게 만들고, 도움과 지지를 필요로 하는 존재로 만드는 확실한 수단이다. 한마디로, 정신적 계몽은 인간들의 내면에 군집 본능을 발달시키는 수단이다. 그것이 지금까지 존재했던 모든 위대한 통치 기술자들(중국의 공자, 고대 로마 황제, 나폴레옹, 그리고 과감하게 세속성을 드러내며 권력을 추구하던 시대의 교황)이 정신적 계몽을 이용하거나, 적어도 (르네상스 시대 교황의 예를 따라서) 정신적 계몽을 가장 중요한 것으로 여기도록 만들었다. 모든 민주주의에서 정신적 계몽에 관한 대중의 자기기만이 대단히 소중하게 여겨지고 있다. 인간을 보다 작게, 또 보다 온순하게 만드는 모든 것이 "진보"라는 이름으로 추구되고 있으니 말이다.

■ 권력 의지

인간은 그리
특별하지않다

인간이 제아무리 높은 수준까지 발달한다 하더라도, 인간이 더 높은 등급에 이를 가능성은 개미와 집게벌레가 이 땅에서 활동을 끝낼 때쯤 신(神)이나 불멸과 비슷해질 가능성만큼이나 낮다. 어쩌면 인간이 최종적으로 도달할 높이는 처음 시작할 때보다 더 높지 않을 수 있다.

다가올 모든 것은 그 뒤에 흘러간 모든 것을 달고 있다. 이 작은 별에서, 그 별의 한 작은 종(種)에 불과한 인간이 왜 이 영원한 드라마에서 예외가 되어야 하는가? 당장 그런 감상을 버리도록 하라. …

이미 많은 종의 동물들이 지구상에서 사라졌다. 인간이 사라진다 해도, 이 지구엔 부족할 게 하나도 없다. 인간은 이런 "무"(無)에도 경탄할 줄 아는 그런 철학자가 되어야 한다.

■ 여명 ■ 권력 의지

세상은 절대로
합리적이지 않다

이 세상이 어떤 영원한 합리성을 구현하고 있는 추상적인 실체가 아니라는 것은 우리가 너무나 잘 알고 있는 세상의 한 조각인 인간의 이성이 조금도 합리적이지 않다는 사실로도 충분히 증명되고 있다.

인간의 이성이 영원히, 또 절대적으로 현명하지도 않고 합리적이지도 않다면, 세상의 나머지도 마찬가지로 현명하지도 않고 합리적이지도 않다.

■ 인간적인, 너무나 인간적인

고통이 문제가 아니라
고통의 의미가 문제다

인간에겐 고통 자체가 문제가 아니라, "내가 고통을 당하는 이유가 무엇인가?"라는 물음에 대한 대답이 지금까지 없었다는 사실이 문제였다. 고통에 가장 익숙한 동물인 인간은 고통을 고통스런 것으로 여겨 부정하지 않는다. 고통의 의미가 확인되면, 인간은 고통을 원하고 추구한다. 지금까지 고통 자체가 아니라 고통의 무의미함이 인간에게 저주로 작용했다. …

　형이상학자들이 고통에 대해 걱정하는 것은 꽤 순진한 태도다. "영원한 축복". 그런 것은 심리학적으로 보면 허튼소리에 불과하다. 용감하고 창의적인 사람들은 절대로 쾌락과 고통을 종국적인 문제로 여기지 않는다. 쾌락과 고통은 부수적인 현상일 뿐이다. 뭔가를 이루려고 노력하는 사람은 당연히 쾌락과 고통을 예상해야 한다. 형이상학자나 종교인이 쾌락과 고통의 문제를 전면으로 부각시키는 것은 그들 내면에 피로와 질병이 자리잡고 있다는 것을 보여주는 신호이다.

■ 도덕의 계보 ■ 권력 의지

진보라는 개념에
속지마라

속지 않도록 조심하자. 시간은 앞을 향해 쏜살같이 흐른다. 그래서 우리 인간은 모든 것이 시간과 함께 앞으로 나아간다는 식으로 기꺼이 믿으려 한다. 또 진화를 앞으로 나아가는 하나의 발전이라고 믿으려 한다. … 그것은 아주 신중한 사람까지 곧잘 속이는 사물들의 외양일 뿐이다.

그러나 19세기는 16세기에 비해 어느 면으로도 아무런 진척이 없었다는 점을 보여주고 있다. 그리고 1888년의 독일 정신은 1788년의 독일 정신과 비교할 때 퇴행의 예이다. … 인류는 발전하지 않았으며, 아직 인류는 존재조차 하지 않고 있다고 할 수 있다. …

인간은 동물과 비교해서 절대로 진보의 예가 될 수 없다.

■ 권력 의지

평등의 원리는
독이다

평등의 원리! … 이 원리보다 더 치명적인 독은 없다. 이 원리가 마치 정의의 입술에서 나오는 것처럼 보이지만, 실제로 보면 거꾸로 모든 정의를 가려 버리기 때문이다. … "동등한 자에게는 동등을, 동등하지 않은 자에게는 불평등을!" 이것이 정의의 진정한 외침이다. 여기서 자연히 "동등하지 않은 것을 절대로 동등하게 만들지 말라."는 가르침이 나온다.

이 평등의 원리와 관련해서 그렇게 많은 테러가 자행되고 그렇게 많은 피가 뿌려졌다는 사실이 평등이라는 이 "현대적 사상"에 특별히 불꽃과 영광의 후광을 안겨주었으며, 그 결과 혁명이 하나의 드라마가 되어 아주 고귀한 정신들까지도 속일 수 있게 되었다.

■ 우상의 영혼

스스로에게 어디로
향하고 있는지를 물어라

이제부터는 당신이 어디서 왔는지를 명예의 기준으로 삼지 말고 당신이 어디로 향하고 있는지를 명예의 기준으로 삼도록 하라. 당신 자신을 초월하려는 당신의 의지와 발걸음, 그런 것이 새로운 명예가 되어야 한다.

■ 차라투스트라는 이렇게 말했다

당당한 죽음을
죽어라

사람은 더 이상 당당하게 살지 못하게 될 때 당당하게 죽어야 한다. 죽음은 자유롭게 선택되어야 한다.

적절한 때의 죽음은 자식들과 다른 목격자들이 지켜보는 가운데 의식이 명료한 상태에서 즐겁게 죽는 것이다. 적절히 작별을 고할 수 있고, 아직 정신이 또렷하고, 자신이 삶에서 성취했거나 의도했던 것들을 평가할 수 있을 뿐만 아니라 삶 자체의 가치를 종합적으로 정리할 수 있을 때에 죽음이 이뤄져야 한다.

이 모든 것은 기독교가 죽음의 시간을 묘사한 무시무시한 코미디와는 정반대다. 기독교가 죽어가는 사람의 양심을 훼손시킬 만큼 죽는 사람의 약한 마음을 악용한 점을 절대로 용서하면 안 된다. …

사람은 자신의 책임이 아닌 다른 존재의 책임 하에 죽어서는 안 된다. 확실한 것은 대단히 경멸스런 상황에서 일어나는 죽음, 자유롭지 못한 죽음, 그릇된 시기에 일어나는 죽음은 겁쟁이의 죽음이라는 점이다. 사람은 생명에 대해 품었던 바로 그 사랑에서 겁쟁이의 죽음과 다른 죽음을 원해야 한다. 말하자면, 자유롭고 신중한 죽음이 되어야 하며, 우연적인 죽음이나 돌연한 죽음이 되어서는 안 된다.

마지막으로, 염세주의자 친구들과 쇠퇴하고 있는 자들에게 조언을 한 마디만 더 하고 싶다. 우리에게 자신이 태어나지 못하도록 막을 힘은 없다. 그러나 태어난 것이 실수일 때가 간혹 있는데, 그때는 마음만 먹으면 그 실수를 바로잡을 수 있다. 스스로를 제거하는 자는 아주 높이 평가받을 만한 행동을 하고 있다. 그 사람은 그렇게 함으로써 살 자격을 거의 갖추게 된다.

■ 우상의 황혼